i Robinson / Letture

Di Sandra Petrignani
nelle nostre edizioni:

E in mezzo il fiume.
A piedi nei due centri di Roma

SANDRA PETRIGNANI

LESSICO FEMMINILE

Editori Laterza

www.laterza.it

Published by arrangement with the
Italian Literary Agency

Prima edizione novembre 2019

Edizione
1 2 3 4 5 6

Anno
2019 2020 2021 2022 2023 2024

Questo libro è stampato
su carta amica delle foreste

Stampato da
SEDIT - Bari (Italy)
per conto della
Gius. Laterza & Figli Spa
ISBN 978-88-581-3872-4

A Paolo Donati,
primo libro senza di te

A Barbara giovane e battagliera,
ai suoi preziosi consigli

Perché sparano ai piccioni? avevo chiesto
un giorno a mamma. Perché sono uomini,
aveva risposto. Gli uomini fanno così quando
non gli è permesso di spararsi fra loro.

Joyce Carol Oates, *Perché sono uomini*

Sono di quelle donne fascinose
al cui cenno la storia trasalì.
Ma tu sei un uomo, e mi vedi ai fornelli,
così me ne sto buona, con il mio libro, qui.

Dorothy Parker,
da «Canto di una delle ragazze»,
in *Tanto vale vivere*

Indice

Lessico femminile

Prologo

Il corsivo è nostro

Sono libera di vivere dove e come voglio, di leggere ciò che voglio, di pensare a tutto ciò che voglio come voglio, e di ascoltare chi voglio. Sono libera nelle vie delle grandi città, dove nessuno mi vede, mentre cammino sotto la pioggia scrosciante senza un dove né un quando, mormorando dei versi; sono libera nel bosco, e sulla riva del mare in una solitudine benedetta, e nella musica che risuona in me, e nella mia stanza, quando chiudo la porta.

Poche parole mi comunicano un senso di libertà e di esultanza come queste. Mettono addosso una specie di allegrezza e di euforia infantili. Suonano come il grido di un prigioniero appena evaso. A scriverle è Nina Berberova in *Il corsivo è mio*. Ma da dove evade Nina? Ha rotto da poco un matrimonio con il poeta Vladislav Chodasevič, con il quale era stata a lungo felice e che lascia quando si rende conto di provare un «entusiasmo quasi folle di stare senza di lui, di essere sola, libera, forte, con tantissimo tempo a disposizione, con la vita che ribolliva intorno, con gente nuova» e scelta da lei. Se nel destino di un uomo la libertà è prevista, in quello di una donna è una conquista. Una donna deve lottare prima di tutto contro se stessa per apprezzarla. Può sembrare retorico sottolinearlo, vagamente rivendicativo, eppure è così. A una donna la libertà può persino fare paura. Quasi fosse l'anticamera della solitudine.

Non è soltanto per quel grido di libertà che mi sono subito, istintivamente, riferita al *Corsivo è mio* della Berberova. È per la forza del titolo e per quello che implica. In corsivo va ciò che vogliamo mettere in evidenza. Il corsivo imita la scrittura a mano inclinando le lettere verso destra. Il corsivo è una forma di sottolineatura. Nina racconta il suo personale destino e insieme la storia della sua generazione, ma si prende la responsabilità del *suo* corsivo rispetto a ciò che sceglierà di raccontare e a ciò che lascerà cadere. Parafrasandone il titolo, mi concedo un plurale che vorrei estendere a tutto questo mio libro, sentito come una responsabilità collettiva, quasi scrittura "a mano" appunto, cioè lenta, antica: la mia parola legata a quella di tante donne che mi hanno preceduta e nutrita, come un unico, variegato "canto". Senza intenti enciclopedici. Solo una scelta personalissima e asistematica di autrici che affollano la mia biblioteca, le autrici di cui possiedo libri molto sottolineati, appuntati, deformati. Amati. Autrici che sono «materia prima», parafrasando Biancamaria Frabotta in una nota del suo *Tutte le poesie*. Materia prima che dobbiamo immaginare...

... come una goccia d'acqua, minuscola e necessaria, e se ne raccolgo anche un'infinitesima quantità sul dito e la deposito sul vetrino di un microscopio e la osservo a distanza ravvicinata, allora scopro un mondo complicato e insospettabile, di segrete corrispondenze, simmetrie, microrganismi apparentemente autosufficienti e invece tutti fra loro solidali.

Ecco, sto facendo come Nina Berberova, prendo dalla libreria un libro dopo l'altro. Ma il primo è stato il suo:

Poi andai a casa, feci sei piani di corsa, presi dalla mensola prima un libro, poi un altro. Tutto era mio e io non ero di nessuno.

Era nata a San Pietroburgo nel 1901. Morì a Filadelfia nel 1993, dopo aver attraversato senza illusioni la Rivoluzione russa, essere scappata con il marito in Italia, poi a Berlino, poi a Parigi dove condivise la nostalgia della patria perduta con tanti *emigrés* come lei (fra gli altri l'ammiratissimo Vladimir Nabokov, che poco ricambiava la stima verso le donne scrittrici), e trasferendosi infine (come Nabokov) negli Stati Uniti. Sorprendentemente, o forse no, ha ceduto al matrimonio altre due volte. È possibile che invecchiando abbia presidiato con più forza la sua indipendenza. Chi lo sa. Questo non mi sembra lo racconti nell'autobiografia. Di se stessa scriveva:

Amo me stessa, ma fino a un certo punto.

Mi piace questo «fino a un certo punto». È un'indicazione di percorso. Segna un limite. «Devo conoscere me stessa e, dopo essermi conosciuta, correggermi». C'è umiltà in queste dichiarazioni. Quanta distanza dall'intollerabile vanità – intellettuale – di certi uomini. Quando una donna prova a salire su un piedistallo, prevale la paura di vacillare. Prevale l'insicurezza. Non c'è donna che mi sia capitato d'incontrare, anche famosa, che mi abbia comunicato un senso di sé "intollerabile". Ricordo un giorno a casa di Doris Lessing, a Londra. Ero lì per intervistarla. Mi ricevette in cucina, con la borsa della spesa ancora da sistemare, perché era in ritardo e doveva preparare il pranzo al figlio disabile. E Alba de Céspedes che si scomodò a venirmi a prendere alla stazione di Pinerolo per evitarmi il cambio verso Luserna San Giovanni, dove si trovava in vacanza. E Agota Kristòf. Arrivai raffreddatissima a Neuchâtel, dove viveva, col mal di gola e febbricitante. Non riuscivo quasi a parlare. Non ci eravamo mai viste prima e mi aveva concesso l'intervista malgrado stesse preparando un viaggio e avesse poco tempo. Vedendomi in quelle condizioni, si è presa cura dell'ospite, semplicemente. Mi ha misurato la febbre, mi ha preparato il tè. Mi sono sentita a mio agio, come se ci conoscessimo da anni. Succede spesso fra donne, della stessa età, di età diverse, famose, sconosciute. Ecco qualcosa che ci riguarda intimamente: una certa tendenza ad accudire, indipendente dall'essere madri o no.

> Ho amato e amo la vita, e non meno della vita (ma neanche di più) amo il suo significato

scrive Nina nella sua autobiografia. Vita. Significato. Sono due parole maiuscole che ripenserò dentro una prospettiva femminile. Tiro giù dalla mensola un altro libro, *L'albero dei desideri* di Christopher Isherwood, in cui leggo:

> Il significato della vita è imparare quale sia il significato della vita.

Non dissimile dal senso delle parole di Nina:

> Il suo senso è in se stessa e in me che sono ancora viva.

Ha in mente probabilmente i tanti amici e compagni di strada che aveva visto morire, a volte suicidi. Sopravvivere è un senso, sopravvivere per capire (o forse semplicemente accettare) l'importanza di esserci, di resistere vivi oltre la perdita, oltre la solitudine, oltre il dolore. E testimoniando il *corsivo* della propria esperienza.

In questo *Lessico femminile*, questo mio "mostro di Frankenstein" (così, fin dall'inizio, l'ho chiamato fra me e me, perché frutto di smembramenti e ricostruzioni), seguirò impronte, ombre, tracce volontarie, opere e fatti, i fatti della vita delle donne, di alcune donne, soprattutto scrittrici, filosofe a volte, per rileggere il mondo dal loro punto di vista, o almeno quella porzione di mondo su cui hanno avuto voglia di riflettere. Perché non è delle donne lo sguardo globale, totalizzante. Le donne sono inclini alla concretezza. Non so se è un atteggiamento migliore o peggiore rispetto a quello degli uomini. È semplicemente *diverso*, e m'incuriosisce approfondire questa diversità, ricomporre come in un mosaico la tela di un pensiero e di un lessico "nostri". Capire qualcosa di più della mia stirpe, trovare il bandolo del nostro comune sentire. Una mappa per orientarsi nel presente, dopo tanto passato e un confuso futuro che a volte sembra farci arretrare e minaccia di sottrarci tante combattute conquiste. Non perché il cammino delle donne sia tutto giusto, e poi l'umanità – in generale, senza differenze di sesso – sembra non imparare niente dai suoi errori. Ma è anche vero che l'umanità che dà la linea al mondo è perlopiù di genere maschile. Forse il pensiero delle donne, inseparabile dalla materialità delle cose, dall'urgenza della vita, ha una chance in più. È un pensiero naturalmente autocritico, perché più solitario, meno esposto, frammentario, in massima parte inascoltato (dagli uomini), se non volutamente sottovalutato e deriso.

Casa (pulita)

Lungo lo stretto di Øresund, dove s'incontrano i mari, il Baltico e il Mare del Nord, in Danimarca, su una punta che sporge verso la Svezia, c'è un castello-fortezza detto "castello di Amleto", perché qui Shakespeare immaginò di ambientare la sua tragedia sulle vicende di un leggendario principe sempre vestito di nero che con la sua ambiguità e la sua indecisione fece impazzire una ragazza innamorata di lui portandola al suicidio.

Venticinque chilometri più a sud lungo il Rungsted Stranvej, la strada che corre sulla costa, al numero 111 si trova l'affascinante casa-museo della baronessa Karen Blixen, che passò diciott'anni in Kenya cercando di gestire la sua amatissima fattoria di Bogani, una ventina di chilometri da Nairobi, e una fallimentare piantagione di caffè. Tornata in Danimarca, malata, sola e depressa (dal marito aveva divorziato e l'inafferrabile amante era morto precipitando col suo aereo), scrisse – nella casa di famiglia che avrebbe ereditato e in cui visse per il resto della vita – una manciata di storie gotiche, molti straordinari racconti e il libro di memorie che l'ha resa popolare, *La mia Africa*.

Mentre mi aggiravo nel museo della scrittrice pieno di tracce del passato, di fantasmi, di suggestioni e sortilegi, leggevo nel suo *Dagherrotipi*:

Per la donna l'ambiente conta molto più che per l'uomo, perché per lei non è un insieme casuale, esterno, ma un ampliamento del suo essere. Secondo la mia esperienza, se un uomo ha la possibilità di dedicarsi in pace al lavoro che gli sta a cuore, riesce a ignorare completamente l'ambiente che lo circonda. Ai suoi occhi esso scompare: può vivere nella sporcizia e nel disordine, tra le correnti e al freddo, ed essere perfettamente felice. La maggior parte delle donne non sopporta di stare in una stanza se trova sgradevole l'abbinamento dei colori.

Condivido. Tanto più adesso che è definitiva la conquista femminile a non essere chiusa in un qualche interno. Per una donna l'idea di casa significa qualcosa di diverso da un semplice riparo, è un'estensione dell'anima, un modo di esprimersi. Per gli uomini la casa sembra essere un tetto necessario, qualche volta un guscio, un letto dove dormire al caldo, una poltrona comoda per guardare la televisione. «Gli uomini sono in grado di non badare all'ambiente che li circonda. Le donne no. Ogni donna è la sua casa e viceversa». A scriverlo è un uomo, Martin Amis, in *Esperienza*, la sua autobiografia. Ai maschi intellettuali basta uno studio in cui rinserrarsi.

Mi colpì molto, visitando una mostra dedicata a Georges Simenon, una fotografia che inquadra una bimbetta sui sette anni, delicata, bionda, bellissima: sua figlia Marie-Jo. Saltellava davanti alla porta chiusa dello studio paterno dove lo scrittore stava lavorando. Non intendeva essere disturbato per nessuna ragione, erano queste le sue disposizioni in famiglia. Quella bambina era perdutamente innamorata del padre. A venticinque anni, il 19 maggio del 1978, a Parigi, mise fine alla vita sparandosi nel suo appartamento, non essendo mai riuscita a risolvere il devastante problema edipico. In modo molto esplicito, prima di uccidersi, aveva scritto al padre: «Ricorda il mio Amore anche se era folle. Per questo sono vissuta e per questo adesso muoio...».

Mi domando se mai una donna scrittrice potrebbe tenere chiusa ai figli, che la reclamano, la porta del suo studio. Penso a Jane Austen che ha scritto i suoi romanzi seduta a una piccola scrivania in mezzo a una stanza dove tutti potevano disturbarla, costretta a interrompersi continuamente e a nascondere i fogli sotto la carta assorbente per correre ad assolvere qualche impellente incombenza familiare. Karen Blixen non aveva figli. Eppure permetteva a un bambino di fermare il suo lavoro quando voleva: si chiamava Nils, figlio di una domestica. Aveva quattro anni. Per lui la sua porta era sempre aperta: le piaceva raccontargli le fiabe, giocare ai safari sul tappeto del salotto, intagliare giocattoli nelle patate. Gli aveva fatto montare un'altalena in giardino, si faceva spruzzare con la pistola ad acqua. Lo spirito della casa di Rungstedlund parla anche di questo: di un'anima femminile che sa essere infantile e spensierata. E irriverente: curiosando fra i volumi di una delle sue librerie, scopro una lista della spesa annotata su una pagina bianca di *The Sun Also Rises* di Hemingway e un altro elenco – stavolta di alberi da piantare in giardino – in *Requiem for a Nun* di Faulkner. Sorrido. È in gesti così, frettolosi, casalinghi, che s'annida la femminilità. E Karen Blixen è davvero «squisitamente femminile e "ancestrale"», come leggo in un volumetto di interviste con lei. Penso a quanti amici maschi, che hanno verso i libri un atteggiamento reverenziale, inorridiscono per come li tratto io: li squaderno, piego le pagine in mille orecchiette, li annoto, li macchio col caffè.

Non so quanti titoli, di scrittrici come di scrittori, contengono la parola «casa» (anche nel senso di "famiglia", "casato"). Moltissimi. Uno per tutti, *Star di casa* della napoletana Fabrizia Ramondino – e sottolineo napoletana perché la casa che racconta è quella di una nonna del Sud:

Come al momento del risveglio, per tutto il giorno in casa la luce era filtrata dalle fessure degli infissi e delle persiane e ci sentivamo come molluschi fra due valve socchiuse di conchiglia. La trasparente luminosa fessura, ora azzurra, ora dorata, ora turchese, ora verde, nei punti in cui finestre e balconi davano sulle piante, era composta di una sostanza tremula e liquida che veniva bevuta dagli occhi come un magico elisir che aveva la proprietà di incantare il pensiero, privandolo di ogni proposito o intento.

Rimanevano invece spalancate tutte le porte e traversavano gli spazi leggere correnti d'aria che rendevano la casa come sospesa in cielo o come in balia di onde, quando nelle sere estive si leva il maestrale.

Accrescevano l'impressione di vivere all'interno di una grande conchiglia le forme architettoniche: archi, volte, nicchie scavate nelle pareti, la scala a chiocciola che univa le stanze al tetto, come una spirale tra terra e cielo e che pareva il centro o anima della casa, le arcate sulla loggia, quasi il bordo ondulato di una valva.

Ma, titoli a parte, quando si entra nel regno del romanzo, come potrebbero mancare le case in cui vivono i personaggi, insidiate dal tempo e dagli oggetti? Ci sono mai state – su ciò che fa la polvere degli anni a una casa abbandonata – pagine più potenti di quelle intitolate «Il tempo passa» in *Gita al faro* di Virginia Woolf?

La casa fu abbandonata, non ci andò più nessuno. Rimase come un guscio di conchiglia lì sulle dune a riempirsi di grani di sale, ora che la vita l'aveva lasciata. Una lunga notte sembrò impossessarsene; le brezze leggere, mordenti, i soffi vischiosi invadenti, sembrava avessero trionfato. La pentola si era arrugginita e la stuoia distrutta. I rospi ci misero il naso. Pigro, indifferente lo scialle continuava a dondolare. Un cardo s'infilò fra le mattonelle della dispensa. Le rondini fecero il nido in salotto, il pavimento si coprì di paglia; l'intonaco cadeva a palate; le travi rimasero nude; i topi prendevano da qui o da lì roba da rodere e se la portavano dietro gli zoccoli di legno. Dalle crisalidi dischiuse uscivano farfalle che finivano spiaccicate contro i vetri delle finestre. Tra le dalie crescevano singoli papaveri; il prato sventolava d'erba troppo lunga; carciofi giganteschi troneggiavano fra le rose; un garofano screziato fioriva fra i cavoli; intanto, durante le notti d'inverno, il filo d'erba che batteva leggero alla finestra, diventò un rullio di tronchi robusti e rovi spinosi, che d'estate inondarono di verde la stanza.

Mi chiedo se uno scrittore, di sesso maschile intendo (forse nemmeno Proust), abbia mai dedicato tanta maniacale attenzione alla descrizione degli odori, dei suoni, dei sapori, dei colori che s'annidano fra una carta da parati e un tappeto, un vetro rotto e la polvere penetrata nell'intarsio della cornice di un quadro. Virginia sa quanta responsabilità hanno le cose, le case, le stanze nella vita di una scrittrice. Per questo sostiene a un certo punto di «Immagini del passato» (in *Momenti di essere*) che un suo lettore attento – se avesse conosciuto la camera da letto in cui lei era cresciuta – non si sarebbe potuto astenere dal commentare: «Questa stanza spiega molte cose». In quella casa di famiglia non amata in cui, dopo la morte della madre e della sorellastra Stella, Virginia visse anni di profonda infelicità, strinse però il più duraturo e fecondo rapporto della sua vita: quello con la sorella Vanessa.

Avvenne così che Nessa e io formassimo una cospirazione molto intima. In quel mondo pieno di uomini, che andavano e venivano, in quella grande casa piena di stanze, noi ci formammo un nostro nucleo privato. Lo visualizzo come un piccolo fragile centro di vita intensa; di istintiva comprensione, chiuso nel grande guscio echeggiante della casa di Hyde Park Gate.

Con Vanessa condivide la scissione fra la vita dello spirito, che praticano nelle loro stanze ai piani alti, una leggendo, l'altra dipingendo, e la vita convenzionale al pianoterra, nel salotto dove una porta scorrevole divide gli ambienti come le emozioni. Ma poi il padre muore, Virginia dà di matto per la prima volta (sente cantare in greco gli uccelli). Allora Vanessa si disfa della casa avita: «Vendette; bruciò; mise da parte; stracciò», scrive la Woolf in «Vecchio Bloomsbury». «E ora tutte le stanze erano vuote». E la famiglia smembrata. Restano i giovani Stephen, due sorelle e due fratelli (Adrian e Thoby), e prendono casa insieme al 46 di Gordon Square. Qui nasce il gruppo di Bloomsbury. «Qui Vanessa e io avevamo ciascuna un salottino; e c'era l'ampio salotto di due vani; e uno studio al piano terreno». Perfetta parità, finalmente, fra femmine e maschi. E quando la sera i fratelli portano a casa gli amici, magrissimi, bruttini, ma intelligentissimi, soprattutto omosessuali, Nessa e Virginia si sentono libere: di non comportarsi da brave signorine, di non doversi truccare e vestire per gli ospiti, libere di dire la loro e di non sedurre. Quegli stranissimi maschi, silenziosi e coltissimi, che si preoccupano di individuare la Bellezza in tutto ciò che leggono, guardano, scrivono, e non gettano sulle ragazze occhi concupiscenti e non le mettono in competizione fra loro, quei maschi, detti gli «Apostoli», che frequentano tutti Cambridge preclusa alle donne, sono la loro università. Ma poi Vanessa si sposa, con Clive Bell – l'unico etero del gruppo insieme a Leonard Woolf – e Bloomsbury cambia. Diventa più scanzonato. Finisce la rigida supremazia della cerebralità maschile e viene pervaso da un'ondata di scapestrata sensualità, omosessuale o etero non importa. Sono Nessa e Clive col loro matrimonio "aperto" a dare il la. È la scoperta della libertà anche fisica, non solo mentale. «Forse la fedeltà dei nostri genitori non era l'unica né necessariamente la più alta forma di vita matrimoniale. Forse anzi quella fedeltà non era rigorosa come si credeva», riflette Virginia. «Non c'era nulla che non si potesse dire, nulla che non si potesse fare, in Gordon Square n. 46». Cominciano a girare voci di feste in cui si denudano tutti. E se Virginia è sempre stata frigida, Vanessa è una donna sensuale, passionale. Un giorno – dicono le voci – si è accoppiata sul divano, in mezzo alla stanza, davanti a tutti, e con uno che non era il marito (era Maynard Keynes, il futuro rinomato economista). Virginia non conferma e non smentisce. Chissà cosa è davvero successo su quei divani in quegli anni fra il 1910 e il 1914, prima che la guerra venisse a spegnere gli entusiasmi. Sta di fatto che sua sorella è diventata una splendida pittrice, lei uno degli scrittori più grandi della terra.

Ci sono tante case nell'opera di Virginia Woolf, come nella sua vita. Ci sono le case immaginarie dei suoi libri e quelle della realtà, raccontate in *Momenti di essere*. Oltre a «Immagini del passato» e «Vecchio Bloomsbury», in «Hyde Park Gate n. 22»: «Talland House era piena di lei; la casa di Hyde Park Gate era piena di lei», scrive. Questa "lei" è la madre, Julia Prinsep Jackson, e Talland è la casa di vacanza in Cornovaglia, a St. Ives, che tanto somiglia alla casa di *Gita al faro*, mentre al numero 22 di Hyde Park Gate, a Londra, c'era la casa di famiglia del padre, il professor Leslie Stephen, dove era nato lui e dove nacquero i suoi figli. Ma le case, si sa, finiscono per somigliare di più alle donne che vi si muovono dentro, che le guardano con attenzione, le tengono pulite, accumulano soprammobili e ricordi. Virginia descrive la casa, un'intera palazzina in realtà, stanza per stanza e nei dettagli, fino a «un tavolino pieghevole che mi ha seguita, indesiderato, a Monks House» (che è poi, oggi, la sua casa-museo, la residenza in campagna a Rodmell, nel Sussex, dove visse con il marito Leonard Woolf e dove il 28 marzo del 1941 si suicidò gettandosi nel fiume Ouse, che scorre accanto). Quel tavolino serviva per il tè, era «cuore e perno [...] centro della vita familiare vittoriana» e lei, ribelle, detestava il conformismo vittoriano.

Mobili che ereditiamo dagli avi, oggetti che ci seguono nei traslochi, cose che si perdono per sempre o che vengono fortunosamente ritrovate, regali ricevuti, souvenir riportati dai viaggi, vecchi giocattoli relitti dell'infanzia, specchi, sgabelli, poltrone, scrivanie. La casa come una nave che protegge o che fa naufragio. Tradizionalmente al timone c'è un uomo con la pipa in bocca, mentre a custode e a polena quasi sempre una figura femminile. La forza dei simboli che si riverberano in mille frammenti riflettenti, fra le righe dei libri che si continuano a scrivere con uno sguardo inevitabilmente differente sul mondo, a seconda che a vedere e raccontare siano occhi femminili o occhi maschili. Quando qualcuno mi chiede (c'è sempre qualcuno che continua a porre questa domanda) se esiste una scrittura femminile, per quanto insensato sia mettersi a fare simili distinzioni (la scrittura o è bella o non lo è, ed è questo a essere decisivo), io, pensando a *Gita al faro*, non posso che rispondere sì, esiste eccome: di fronte all'eternità della morte, alla scomparsa del passato, all'usura e alla rovina, una donna nota pentole arrugginite e stuoini distrutti, il disordine fra i fiori che nessuno più cura, il singolo filo d'erba che sbatte inascoltato al vetro di una finestra, l'irrimediabile malinconia di un vecchio scialle che dondola nella brezza, nell'aria rimasta vuota della persona che usava avvolgerselo intorno alle spalle.

Lo dico ancora una volta con le parole della Woolf: «Spesso le donne mi piacciono. Mi piace il loro anticonformismo. Mi piace quel loro essere così complete». Cito da *Una stanza tutta per sé*, che oggi forse potrebbe intitolarsi *Una casa tutta per sé*, visto che di progressi ne abbiamo fatti dal 1929. Sì, sì, dice Virginia, citando a sua volta Coleridge, chiaro che «la mente superiore è androgina», chiaro che «la mente androgina è risonante e porosa; che trasmette emozione senza difficoltà; che per natura è creativa, incandescente e indivisa». Ma (un momento di sospensione)...

... è fatale che chiunque scriva abbia in mente il proprio sesso. È fatale essere un uomo o una donna, puramente e semplicemente; si deve essere donna-maschile e uomo-femminile. [...] Una qualche forma di collaborazione deve necessariamente aver luogo nella mente, tra la donna e l'uomo, prima che l'arte della creazione possa realizzarsi. Un qualche matrimonio degli opposti si deve consumare. La mente tutta deve mostrarsi aperta, se dobbiamo ricevere la sensazione che lo scrittore stia comunicando la sua esperienza in tutta la sua pienezza. Ci deve essere libertà e ci deve essere pace. Nessuna ruota deve cigolare, nessuna luce tremare. Le tende devono essere ben chiuse. Lo scrittore, pensavo, una volta che la sua esperienza è conclusa, deve sdraiarsi e consentire alla mente di celebrare le proprie nozze nel buio. Non deve guardare né mettere in dubbio quanto sta accadendo. Piuttosto egli deve sfogliare i petali di una rosa o mettersi a guardare i cigni che galleggiano tranquilli lungo il fiume. E rividi la corrente che si era portata via la barca e lo studente e le foglie morte; il taxi aveva portato via l'uomo e la donna – pensavo vedendoli mentre attraversavano insieme la strada – e la corrente li aveva trascinati con sé, pensavo sentendo in lontananza il rombo del traffico di Londra, in quel flusso tremendo.

Quanto è maschile la mente che ha scritto queste righe? Ha senso chiederselo? «Le tende devono essere ben chiuse». Le tende! Sfogliare petali di rosa, sdraiarsi nel buio della stanza, affacciarsi e guardare i cigni sul fiume. È una scrittura incisiva e femminile, è inconfondibile Virginia Woolf con quel suo gusto visionario per i piccoli accadimenti contemporanei: cade il petalo di un fiore, e insieme si sente il grido di un uccello, un cane abbaia, si vede passare una barca, ci s'incanta a guardare una macchia sul muro. I suoi "momenti di essere".

E quando in *Gita al faro* due anziane donne di servizio sono mandate a riaprire, a pulire, a far rifiorire la villa al mare in cui la signora Ramsay non potrà più tornare, perché è morta, la vita rinasce dai gesti umili e faticosi della quotidianità domestica, la casa risorge grazie a due creature generalmente invisibili, come invisibile è il lavoro delle donne nel peso del mondo. Sono due prezzolate ignoranti, e per giunta sono vecchie. Virginia ne fa le eroine della trasformazione, la vita si riprende i suoi diritti sulla disfatta, si riprende la scena:

> Un bel giorno vennero con scope e secchi. Si misero al lavoro. [...] Lentamente, a fatica, con scope e secchi, strofinando con lo straccio e con l'acqua, la signora McNab e la signora Bast fermarono la decomposizione e l'imputridimento; salvarono dalla pozza del Tempo che veloce si chiudeva intorno a loro, qui una bacinella, qui una credenza. Una mattina sottrassero all'oblio tutti i romanzi della serie di *Waverley* e un servizio da tè; nel pomeriggio riportarono al sole e alla luce un paracenere d'ottone e un servizio completo di ferri per il caminetto. George, il figlio della signora Bast, ammazzò i topi e tagliò l'erba. Furono chiamati i muratori. Mentre le due donne si piegavano e si rialzavano, sospirando, cantando, intanto che sbatacchiavano e sbattevano, un parto faticoso, rugginoso sembrò avvenisse accompagnato dal cigolio dei cardini, lo stridore dei chiavistelli, il battere e ribattere delle imposte marce di salmastro. Quanto lavoro, dissero.
>
> Presero il tè a volte nelle stanze da letto, a volte nello studio; interrompendo il lavoro a mezzogiorno tutte sporche nella faccia,

con le mani rattrappite intorno al manico della scopa. Lasciandosi cadere su una sedia, contemplavano la loro mirabile riconquista di bagni e lavandini; o il trionfo più arduo, parziale, sulle pile di libri, una volta neri come corvi, ora bianchi a chiazze, che covavano pallidi funghi e ragni che, di nascosto, ancora filavano ragnatele.

E poi c'è la casa della *Signora Dalloway* che dà una festa e dalle finestre vede altre finestre di altre case in cui si muovono persone come spettri; e la casa di *Tra un atto e l'altro*: il libro si apre e si chiude nel corso di una giornata nel salotto degli Oliver, dove si fa teatro. Qui le finestre sono spalancate, attraversate dall'aria estiva, e ancora una volta trionfa la vita minima, appena percepita, degli oggetti (c'è anche il balenio argenteo di uno scialle) con i rumori di sottofondo della vita domestica, voci, orologi, il trafficare in cucina.

Una tagliò il pane, l'altra il prosciutto. Era riposante, rassicurante, questo lavorare insieme. Le mani della cuoca tagliavano, tagliavano, tagliavano.

Rapidamente dal pieno si passa al vuoto. Quasi fossero, le donne, le custodi del vivere inevitabile, operoso, costruttivo, accudente, quando sono insieme; ma basta uscire dalla cucina, basta addentrarsi in altri spazi e dalla vita alla morte il passo è brevissimo. Basta entrare in una stanza vuota.

Vuota, vuota, vuota; silenziosa, silenziosa, silenziosa. La stanza era una conchiglia sonora di quanto era stato prima che il tempo fosse; era un vaso eretto nel cuore della casa, alabastro, liscio, freddo, racchiudente l'immobile, la distillata essenza del vuoto, silenzio.

Così la casa conchiglia diventa tomba. Riflette Grazia Deledda in un articolo del 1916 per la «Riviera ligure»:

«Ricordo dei tempi primordiali, dei paterni nuraghes, quando l'uomo amava la sua casa fino alla morte e dopo la morte, e vi si seppelliva per diventare una cosa stessa con le sue pietre». Ma non per tutte l'idea di casa significa protezione, o anche prigione e morte.

«La mia personalità è come la mia casa, apertissima», diceva Marguerite Yourcenar, che amava irresistibilmente viaggiare. Di ciò che dice Yourcenar di se stessa, però, non c'è da fidarsi. Nel senso che le piaceva dare di sé un'immagine forte e libera, non sempre aderente alla verità della sua vita interiore, indossava per gli altri non una, ma una serie di maschere. Per averne la prova basta visitare la casa americana, detta Petite Plaisance, nell'isola di Mount Desert, che divise per quasi quarant'anni con una compagna, Grace Frick. È manifestamente una casa-cuccia, doppiamente femminile perché vi si riflette la personalità delle due abitanti. Fortissimo il segno della Yourcenar: nei ninnoli che colleziona, sassi presi sulla spiaggia, peluche, barattoli ordinatamente predisposti – in cucina – alla conservazione dei vari cibi con le scritte di suo pugno a indicarne il contenuto, paralumi istoriati in greco e in latino da lei, cartoline mai gettate via, appoggiate in piedi sulle mensole. E nel giardino le piccole tombe dei suoi cani adorati. Eppure liquida così Petite Plaisance nel libro intervista che le dedicò Matthieu Galey, *Ad occhi aperti*: «Punto geometrico sulla superficie del mondo: è qui che siamo... bisogna pur stare da qualche parte». Lei, che sempre a Galey dice: «Non mi piace l'idea di possedere troppe cose. Se ne conservano sempre troppe», voleva essere *Pellegrina e straniera* sempre, come il titolo che aveva scelto per un libro di saggi e memorie, e si sentiva «a casa dappertutto e da nessuna parte». A volte si è una cosa e il suo opposto, e Yourcenar era sicuramente una donna dalla doppia anima che non aveva fatto del tutto pace con la propria omosessualità.

«La casa dentro. La casa materiale», scrive un'altra Marguerite, la Duras. Lo scrive in *La vita materiale*, dove dice di aver letto *Una stanza tutta per sé* della Woolf e che non ha «trovato un solo uomo che l'avesse letto». E parla dell'«impresa pazzesca rappresentata da una casa», un'impresa che ricade sulle donne: un posto dove trattenere i figli e gli uomini, dove «raccogliere il loro smarrimento, distoglierli dallo spirito d'avventura, di fuga, di cui sono dotati dall'origine dei tempi». Vi parla della sua casa di Neauphle (una trentina di chilometri da Parigi) e del fatto che le piaceva mettersi a cucinare per gli altri che intanto dormivano o lavoravano o erano fuori in gita.

> Mi piace occuparmi della casa. Mi è piaciuto per tutta la vita. Continua a piacermi. Ancor oggi, devo sapere cosa c'è da mangiare in dispensa, se c'è tutto quello che occorre, in qualsiasi momento, per andare avanti, vivere, sopravvivere.

Segue la lista delle scorte che devono essere presenti in casa, dal sale allo zucchero, dal riso alla pasta, dal burro alle uova, fino alla carta igienica e alla candeggina. La donna in casa «si fa carico di tutto» sostiene Duras. «La donna è il focolare. Lo era. Lo è ancora». E fa un elogio della pulizia, la pulizia della casa cui presiedono le donne. «È terribile una casa sporca». In *L'amante* a un certo punto racconta di sua madre che, verso la fine del pomeriggio, decideva di far pulire la casa da cima a fondo, la casa che avevano sul Mekong (e forse anche quella su palafitte in Cambogia che appare in un altro bellissimo romanzo, *Una diga sul Pacifico*). Ancora una volta grandi pulizie, dunque.

La casa è costruita su un terrapieno che la isola dal giardino, dai serpenti, dagli scorpioni, dalle formiche rosse, dalle inondazioni del Mekong, da quelle che seguono alle inondazioni della stagione monsonica. Questo permette di lavarla con grandi secchiate d'acqua, di annaffiarla come un giardino. Le sedie sono capovolte sui tavoli, l'acqua gronda e ricopre i piedi del pianoforte nel salottino, scende dalle scalinate esterne, invade il portico davanti alla cucina. I piccoli boys sono felici, ci spruzziamo d'acqua insieme a loro e poi insaponiamo il pavimento col sapone di Marsiglia. Siamo tutti a piedi nudi, anche mia madre. La madre ride, non protesta. Tutta la casa profuma dell'odore delizioso di terra bagnata dal temporale, un odore che fa impazzire di gioia, soprattutto quando è mischiato all'altro, quello del sapone di Marsiglia, odore puro, onesto, l'odore della biancheria pulita di nostra madre, dell'immenso candore di nostra madre. [...] La madre è felice di quel disordine, può essere molto, molto felice se riesce a dimenticare, lavare la casa può renderla felice. Va in salotto, si siede al piano, suona le uniche arie che conosce a memoria, quelle imparate a scuola. Canta. A volte scherza, ride. Si alza e balla, continuando a cantare. E tutti pensano, come lei, che si può essere felici in quella casa che sembra trasformarsi all'improvviso in uno stagno, in un campo in riva a un fiume, in un guado, in una spiaggia.

Quindici anni prima che Duras scrivesse *L'amante*, Natalia Ginzburg, che della scrittrice francese era ammirata lettrice, aveva composto un racconto dal titolo «I lavori domestici», raccolto in *Mai devi domandarmi*, che ha una segreta consonanza con il brano citato – e con tutto ciò che Duras scrive del fare le pulizie in *La vita materiale* – per quella particolare soddisfazione che dà a una donna rendere ogni cosa linda e luminosa. È un'attitudine che viene intesa generalmente come una forma maniacale ossessiva, eredità magari di ataviche sottomissioni, ma che deve avere invece, nell'animo femminile, più maestosi e profondi significati. Nei «Lavori domestici» un'anziana signora, già nonna, passa le vacanze con figli e nipoti in una casa al mare. Si meraviglia e disapprova il modo in cui figli e nuore crescono i nipotini, secondo un'idea libertaria sessantottina (Natalia scrive nell'agosto del 1969), detesta il disordine che regna nella casa, la sporcizia. È un racconto tutto pervaso di autoironia, ma allo stesso tempo esprime una ferma consapevolezza femminile.

Era, da giovane, disordinata e pigra; invecchiando, le è venuta la mania dell'ordine, e una sorta di torvo amore per i lavori di casa; e i figli, le nuore e gli amici usano biasimare questa sua passione, la definiscono un segno squallido e deplorevole di vecchiaia e di aridità. I lavori di casa sono in lei, essi dicono, un alibi per non fare altre e più nobili cose: leggere, occuparsi di politica, coltivarsi. La vecchia madre non ha mai capito nulla di politica; non ha più in testa che tre o quattro pensieri, pietrosi e caparbi, e li coltiva mentre sta sul divano a fumare o quando infuria nei lavori di casa [...].

In un tempo remoto e felicissimo, la madre allora giovane e non vinta dalle disgrazie alzava i suoi bambini appena svegli, li lavava, gli dava il caffelatte e li portava fuori. La sua propria madre le aveva insegnato che tutto questo era essenziale. Lei ricorda di essere stata, come si è detto, molto disordinata e pigra; c'era tuttavia nel suo disordine un pensiero incrollabile: che i bambini appena svegli dovevano essere alzati, insaponati con forza, spruzzati di borotalco e portati, dopo il caffelatte, nel primo e fresco sole del mattino.

Oggi vorrebbe fare lo stesso con i figli dei suoi figli: ma un'operazione così semplice, come alzare e lavare questi nuovi bambini, non le è consentita.

Appena tutti escono per andare in spiaggia, la vecchia protagonista ne approfitta per mettersi a pulire e riordinare, anche se le è stato esplicitamente chiesto di non farlo.

Lavando i pavimenti con furia, la madre si chiede perché fa questa cosa, forse davvero inutile e mortificante; se in memoria della propria madre o per un arido e maniaco piacere. Non lo fa per amore della casa: della casa, ha capito che non gliene importa nulla. Ciò che al mondo le importa sono i figli, e i loro dolci e riccioluti bambini: persone a cui non interessa affatto, che i pavimenti vengano lavati o no.

Torna l'idea che per una donna la casa un po' è tana, un po' è focolare, il centro di qualcosa che costituisce una comunità, un gruppo da difendere, figli da proteggere ed educare: pulire la casa, come salvaguardia da tutto ciò che è brutto e sporco nella vita. Alla fine la donna è esausta ma soddisfatta di aver svolto il suo compito, e si pone una domanda conclusiva che sembra un interrogativo da niente, minimo, domestico. In realtà è un quesito filosofico, pone una questione cosmica:

La madre siede sul divano, fuma, guarda ulivi e vigne ardenti nel sole di mezzogiorno. Ora tutti ritornano, con salvagente, asciugamani umidi e intrisi di sabbia, canottiere, pezzi di pane e giornali: il carico di questo gregge lentissimo, felice e indeciso. La madre si chiede se qualcuno ancora, lei morta, laverà i pavimenti nella casa.

Appena una generazione dopo quella della Ginzburg, la generazione dei figli che Natalia non capisce, un'altra narratrice italiana rifletteva sui lavori domestici con uno spirito diverso e con diverso dolore, Clara Sereni in *Taccuino di un'ultimista*:

I lavori di casa ci assediano, tutte: come un impegno, come senso di colpa, come rifiuto o come rifugio. Mangiare e abitare, coccolare e coccolarsi, ospitare e vestire: ogni verbo tanti gesti, gli elettrodomestici e la colf eventuale non ci affrancano comunque dal programmare, dal prevedere, dall'organizzare. Possiamo magari decidere di non fare, ma la libertà di non pensarci non l'abbiamo in nessun caso. [...] A ogni attimo una scelta, togliere la polvere o leggere il giornale, fare una doccia o cambiare l'acqua ai fiori, fettina in padella o stufato con gli odori, manicure o letto sfatto.

Non c'è più pace: le ombre di generazioni e generazioni di madri – madri affaccendate in cucina per ore, madri che allevavano torme di figli, madri che inamidavano le lenzuola di lino prima di stirarle e poi era così gradevole dormirci in mezzo – ci sfilano davanti, paradiso della memoria infantile, inferno delle loro vite annichilite dalla fatica, dalla noia, dall'isolamento.

La Ginzburg, come Elsa Morante, teneva a essere definita scrittore, guai a chiamarle "scrittrici", eppure le loro pagine sono deliziosamente, intimamente femminili. Ma erano ancora tempi, gli anni della comune giovinezza fino ai Settanta del Novecento e forse anche oltre, in cui la parola scrittrice occupava un posto inferiore, di serie b potremmo dire, rispetto al corrispettivo maschile, e perciò – pretendendo il titolo di "scrittore" – esprimevano un'orgogliosa rivendicazione di parità, non un'insinuazione sprezzante verso il proprio sesso.

Ancora Natalia, in *La città e la casa*, presta a un personaggio maschile, Giuseppe, una stravagante convinzione: «quella sarà per sempre casa mia, anche se l'ho venduta». E allora vale forse la pena citare il parere opposto di Gertrude Stein in *Autobiografia di tutti* (d'altra parte lei e Natalia sono due scrittrici lontanissime):

Si va ad abitare in un'altra parte e anni dopo, l'indirizzo che era tanto indirizzo che era un nome come il proprio nome e lo si diceva come se fosse non un indirizzo ma qualcosa di vivo e poi anni dopo non si sa che indirizzo fosse e a dirlo non è più un nome ma qualcosa che non si riesce a ricordare.

Il "caso Gertrude Stein" è del resto l'esperienza di un totale sradicamento. Si trasferì dagli States a Parigi nel 1902, a ventisei anni, e visse fino alla morte in Francia. Il suo indirizzo parigino, al 27 di rue de Fleurus, sarebbe diventato leggendario per gli scrittori e gli artisti che lo frequentavano.

Cosa rappresenta nel destino delle persone l'attaccamento a un luogo, a mura, a stanze dove si è vissuto e che non rappresentano necessariamente le "radici"? Come se il nostro passaggio sulla terra avesse bisogno di solidi punti di riferimento per dare una qualche consistenza al fatto di essere esistiti, come se credessimo ai fantasmi che restano imprigionati per sempre negli spazi che sono stati teatro della vita. Come se la natura femminile non potesse prescindere, fra la culla e la tomba, dal riconoscersi contenitore, protezione, tetto, rifugio per sé e per le creature amate. Fino alla fine, fino alla distruzione, e oltre. Come quando, nella *Storia* di Elsa Morante, la protagonista Ida, che è provvidenzialmente uscita con il figlioletto Useppe per fare la spesa, al ritorno trova la casa polverizzata da un bombardamento.

Tutto è andato perduto, anche il cane Blitz, rimasto sotto le macerie.

Il loro caseggiato era distrutto. Ne rimaneva solo una quinta, spalancata sul vuoto. Cercando con gli occhi in alto, al posto del loro appartamento, si scorgeva, fra la nuvolaglia del fumo, un pezzo di pianerottolo, sotto a due cassoni dell'acqua rimasti in piedi. Dabbasso delle figure urlanti o ammutolite si aggiravano fra i lastroni di cemento, i mobili sconquassati, i cumuli di rottami e di immondezze. Nessun lamento ne saliva, là sotto dovevano essere tutti morti. Ma certune di quelle figure, sotto l'azione di un meccanismo idiota, andavano frugando o raspando con le unghie fra quei cumuli, alla ricerca di qualcuno o qualcosa da recuperare. E in mezzo a tutto questo, la vocina di Useppe continuava a chiamare:

«Bùi! Biiii! Biiiii!»

Blitz era perduto, insieme col letto matrimoniale e il lettino e il divanoletto e la cassapanca, e i libri squinternati di Ninnuzzu, e il suo ritratto a ingrandimento, e le pentole di cucina, e il tessilsacco coi cappotti riadattati e le maglie d'inverno, e le dieci buste di latte in polvere, e i sei chili di pasta, e quanto restava dell'ultimo stipendio del mese, riposto in un cassetto della credenza.

«Andiamo via! andiamo via!» disse Ida.

Tutto è perso, ma loro due sono sani e salvi perché la madre doveva fare la spesa: provvedere alla sopravvivenza. E adesso è Ida la casa di Useppe, dovunque andranno a rifugiarsi insieme ad altri sfollati, senza possedere più nulla se non se stessi e la loro relazione fondamentale, fondativa.

La grande casa di Nicole Krauss incarna addirittura il Talmud, il libro degli insegnamenti rabbinici, la summa di un sapere sterminato e fondamentale, in sostituzione non di una semplice dimora, ma di un'intera città, la città santa di Gerusalemme assediata e occupata da Vespasiano nell'anno domini 70. Dopo la distruzione del Tempio, il Tempio diventa un'idea, diventa un libro, il Libro. La vera casa che dobbiamo abitare, il luogo sacro della nostra identità, per quanto ambigua e sfuggente, è dunque la ricerca di una conoscenza, mai data per altro come acquisita, ma sempre in costruzione e labirintica. Dentro l'ombra lunga di questo grande mito si muove la storia in una narrazione così complessa e affascinante che – ricordo – ho dovuto leggere il romanzo tre volte per venire a capo di tutti i suoi enigmi.

Opera temeraria per una scrittrice di trentasei anni (era il 2010 quando il libro uscì), costruita a mosaico con i tasselli di quattro fili conduttori, con tanti personaggi significativi e diverse voci narranti. La vicenda inizia in un appartamento con sei finestre che chiudono male, in cui resta a vivere una scrittrice, Nadia, abbandonata dal suo compagno. Lui porta via tutti i mobili e lei resta sola nella casa vuota. Finché conosce un poeta cileno che deve partire per tornare nel suo paese – dove finirà risucchiato nelle carceri di Pinochet – e le lascia il suo mobilio: un baule gigantesco, un divano e un'antica scrivania con diciannove cassetti, di cui uno è chiuso e la chiave non c'è. A quella scrivania Nadia scrive i suoi libri, mentre passano gli anni. E intanto la scrivania diventa il centro di tumultuose peripezie, oggetto di desiderio per decifrare destini tragici e lontani, scrigno di un segreto indicibile. Alla fine è la scrivania che trionfa nella scena che conclude il libro:

... l'enorme mobile era là solo, muto e incapace di comprendere. C'erano tre o quattro cassetti aperti, tutti vuoti. Ma quello che avevo chiuso a chiave da bambino, sessantasei anni dopo era ancora chiuso.

Cose (insignificanti)

Sempre più spesso mi trovo a riflettere sul fatto che il pensiero delle donne è inseparabile dalla materialità delle cose, dall'urgenza della vita. Forse è per questo che di rado è astratto. «Della vita di un genio al quale, se avesse albergato in un corpo maschile, sarebbero stati tributati fama, alte cariche a corte e l'onore di comparire nelle cronache storiche dell'epoca, non rimangono che rari e nebulosi dati», leggo in una nota al libro di Sei Shōnagon, scrittrice giapponese vissuta intorno all'anno 1000, la regina delle *cose di poco conto.*

È riuscita a comporre un libro intramontabile, le *Note del guanciale*, una specie di summa zen del suo pensiero di dama di corte, semplicemente facendo il catalogo dei suoi mesi preferiti, dei ponti e dei villaggi dal «nome più grazioso», delle «situazioni preoccupanti», di quelle «scoraggianti» o delle «cose deludenti». Eccone qualche esempio:

Cose che scorrono veloci
Una barca con la vela spiegata. I nostri anni. Il susseguirsi della primavera, dell'estate, dell'autunno e dell'inverno.

Cose il cui nome incute timore
Azzurri abissi. Valle a imbuto. Assi-pinne. Metallo nero. Spirito della terra. Il Tuono Temibile, non soltanto di nome, ma anche di fatto. Tempesta di vento. Nubi funeste.

Cose brutte e luride
Le lumache. La punta di una scopa su un pavimento di misero legno. Le tazze di lacca degli appartamenti dei nobili.

Di Sei Shōnagon, dunque, sappiamo solo che era figlia di un noto intellettuale esperto di poesia e che condusse una vita sentimentale spregiudicata. Ebbe un marito e un figlio. Si separò, e collezionò molti amanti. Fu stimata dama di compagnia dell'imperatrice Sadako, e anzi fu Sadako a regalarle i preziosi fogli di carta su cui scrivere le sue note. Erano così tanti che Sei Shōnagon osservò che avrebbe potuto usarli come guanciale. Diceva infatti una poesia: «Ormai questo vecchio segretario dorme con gli scritti come guanciale sotto al capo canuto». Da qui il titolo del libro. Il suo pensiero appare solitario, frammentario, autocritico:

> Queste note le ho scritte soltanto per me, per trovare conforto nell'annotare i miei sentimenti, e non ho mai pensato che avrebbero potuto allinearsi alle grandi opere e attirare l'attenzione del pubblico, per cui mi stupisco quando mi sento dire: «È un capolavoro!». I miei ammiratori devono appartenere, ne sono certa, a quel genere di persone che lodano ciò che gli altri disprezzano e disprezzano ciò che gli altri ammirano.

E alla rilevanza delle piccole cose aggiunge le perle di una sua leggera saggezza perturbante:

> Non capisco perché alcuni si arrabbino udendo dei pettegolezzi. Come si può non farne mai?

Il primo capitolo del romanzo di Mercè Rodoreda *La piazza del Diamante* si apre su una serie di caffettiere di ceramica destinate a una riffa: «magnifiche, bianche, con un'arancia dipinta, tagliata in due, che metteva in mostra i semi». Intanto la protagonista, una semplice commessa di pasticceria, si veste per la festa di piazza, ma poi l'elastico della sottoveste le tira tutto il tempo, disturbando i suoi balli e il suo umore. Finché alla fine si romperà e la sottoveste le cade fra i piedi alla fermata del tram.

L'elastico della sottoveste, che mi aveva dato non poco da fare per passarlo con una forcina che non voleva passare, fissato con un bottoncino e un occhiello di filo, mi stringeva. Dovevo avere già un solco rosso in vita, ma ogni volta che l'aria mi usciva dalla bocca, l'elastico mi tormentava di nuovo. [...] L'occhiello di filo si ruppe e lì rimase la sottoveste. La saltai, stavo quasi per infilarci un piede e via di corsa come se m'inseguissero tutti i diavoli dell'inferno. Arrivai a casa e al buio mi buttai come un sasso sul letto, il mio letto da ragazza, di ottone. Mi vergognavo. Quando mi stancai di vergognarmi, con un colpo di piede mi sfilai le scarpe e mi sciolsi i capelli. E Quimet, anni dopo, lo raccontava ancora come se fosse appena successo, le si è rotto l'elastico e correva come il vento...

Elastici, forcine, bottoncini, vestitelli da quattro soldi e pure rotti... ben poca cosa su cui romanzare, soprattutto se si pensa ai grandi temi, ai grandi libri degli uomini. Penso, tanto per dirne uno, a Thomas Mann, alle conversazioni filosofiche dell'umanista Settembrini e del gesuita Naphta nella *Montagna incantata* o al confronto del compositore Adrian Leverkühn con Satana in persona nel *Doctor Faustus*. Come possono competere quattro caffettiere bianche, istoriate con spicchi d'arancia, e una povera storia d'amore e solitudine?

Cerco ancora nel mio scaffale. Natalia Ginzburg. *Le piccole virtù*:

... nel tempo che scrivevo i miei racconti brevi mi fermavo sempre su persone e cose grige e squallide, cercavo una realtà disprezzabile e senza gloria. In quel gusto che avevo allora di scovare minuti particolari c'era una malignità da parte mia, un interesse avido e meschino per le cose piccole, piccole come pulci, era un'ostinata e pettegola ricerca di pulci da parte mia.

La poetica della Ginzburg è stata "minimalista" molto prima che il minimalismo diventasse una corrente letteraria, oltre che musicale e artistica, e alcuni detrattori hanno confuso la sua scelta stilistica con una mancanza di immaginazione e di respiro narrativo, relegandola spesso nella sottovalutata categoria "confessionale" di «scrittrice di memorie». Destino condiviso in Italia da molte autrici. In un'intervista del 1983 che poi raccolsi in un libro, Lalla Romano mi disse:

Quando uscì *La penombra che abbiamo attraversato*, poco tempo dopo *Lessico famigliare* di Natalia Ginzburg, fummo liquidate tutte e due (anche da lettori fini e intelligenti quali Alberto Arbasino) come scrittrici di confessioni. Ma scrittori della memoria sono un po' tutti. Dunque è un'idiozia usare una definizione del genere. C'è chi trae ispirazione dalla vita degli altri e chi dalla propria; non fa grande differenza, purché si sia in grado d'interrogare la propria esistenza tirandosene fuori.

(Adesso non c'entra niente, ma vorrei appuntarmi – perché tornerà subito utile – che in quella stessa raccolta c'è anche un'intervista ad Anna Maria Ortese che mi diede un'ispirata definizione di letteratura: «La letteratura, quando è vera, non è che memoria di patrie perdute, non è che il riconoscimento e la malinconia dell'esilio».)

Chiusa parentesi. Torno al racconto della Ginzburg, «Il mio mestiere», da cui stavo citando.

In quell'epoca che scrivevo i miei racconti brevi, con il gusto dei personaggi ben trovati e dei particolari minuziosi, in quell'epoca ho visto una volta passare per strada un carretto con sopra uno specchio, un grande specchio dalla cornice dorata. Vi era riflesso il cielo verde della sera, e io mi son fermata a guardarlo mentre passava, con una grande felicità e il senso che avveniva qualcosa d'importante. Mi sentivo molto felice anche prima di vedere lo specchio, e a un tratto m'era sembrato che passasse l'immagine della mia felicità stessa, lo specchio verde e splendente nella sua cornice dorata. Per molto tempo ho pensato che lo avrei messo in qualche racconto, per molto tempo ricordare il carretto con sopra lo specchio mi dava voglia di scrivere. Ma non m'è mai riuscito di metterlo in nessun luogo e a un certo punto mi sono accorta che era morto in me. E tuttavia è stato molto importante. [...] Lo specchio sul carretto m'è sembrato m'offrisse delle possibilità nuove, forse la facoltà di guardare una realtà più gloriosa e splendente, una realtà più felice, che non richiedeva minuziose descrizioni e trovate astute ma poteva attuarsi in un'immagine risplendente e felice.

In un modo o nell'altro le donne parlano spesso di vita familiare, di padri, madri, figli, nipotini, e pur essendo la famiglia un grande tema della narrativa da sempre, quando entra nel romanzo di una scrittrice decade, nella percezione di tanti, al livello di "confessione" e la casa si restringe alla zona del tinello. Sarà davvero che gli uomini pensano in grande e le donne no? Sarà per questo che Natalia Ginzburg il cielo l'ha visto solo riflesso dentro la cornice di uno specchio e nei suoi libri non ha poi mai contemplato quella «realtà più gloriosa e splendente» che vagheggiava finalmente di descrivere? Anche quando ha affrontato Alessandro Manzoni, l'ha fatto sotto specie *Famiglia Manzoni*... Eppure, eppure. Mi risuona dentro potente la frase della Ortese, così vera: la letteratura è «memoria di patrie perdute», è «il riconoscimento e la malinconia dell'esilio». Si può dirlo meglio? E dire che non sono i contenuti che contano, ma questa lontananza struggente dalle cose che raccontiamo, perché proprio nella lontananza del tempo e della percezione raggiungiamo il centro delle cose.

Inseguo questa suggestione sfogliando i libri che adesso ho tirato giù in massa dalle librerie di casa e sparso su tavoli, poltrone, sedie, pavimenti. Ed ecco di nuovo Lalla Romano. Questa volta è un suo romanzo del 1957, *Tetto murato*:

> Chiudevo gli occhi e il gioco era aspettare che qualcosa si mostrasse.
>
> Era la finestra a ponente, la luce calma del tramonto che entrava nella stanza, e con essa un lungo silenzio, rotto alla fine da un'esclamazione di Ada, o dal bussare timido di Nani. O, dalla finestretta della scala, la luce delle stelle sulla campagna, nell'aria gelida notturna. O suoni, rumori: cantar di galli, latrati lontani, chiocciare di galline; o, vicino, il gemito della porta, profondo, lento, familiare. E gli odori: odore di letame, di pollaio, nell'androne, nei cortili; odore umido di muffa, nella casa, o secco, di granaio; odore, nella cucina, di fumo, di mele.

E poi prendo in mano *Leggere Lolita a Teheran* dell'iraniana Azar Nafisi e lo sguardo mi cade non a caso sul titolo di una poesia scritta da Yassi, la più giovane delle studentesse che si raccolgono nella casa della loro insegnante, la stessa Nafisi, per leggere clandestinamente Nabokov e altri autori proibiti dal regime degli ayatollah. La poesia di Yassi s'intitola *Come sono piccole le cose che mi piacciono*, vale a dire: «uno zainetto arancione, un cappotto colorato, una bicicletta...». Nafisi e le sue ragazze, riunite in un gruppo di lettura come se ne sono moltiplicati tanti in ogni paese – e soprattutto fra le donne, perché è un'altra caratteristica femminile il bisogno di condividere – si liberano di foulard e chador; al nero dei cappotti e degli scialli si sostituisce la danza colorata di vestiti sgargianti e proibiti che indossano di nascosto. Si mettono comode e scomposte su cuscini, sedie, divani. Mangiano cioccolatini buttandosi allegramente in analisi del testo e discussioni letterarie.

Sedute intorno al tavolino, coperto di mazzi di fiori, entravamo e uscivamo dai nostri romanzi. Guardandomi indietro, mi stupisco ancora di quanto abbiamo imparato, e senza nemmeno accorgercene. Nabokov lo aveva descritto quello che ci sarebbe successo: avremmo scoperto come il banale ciottolo della vita quotidiana, se guardato attraverso l'occhio magico della letteratura, possa trasformarsi in pietra preziosa.

Sta parlando di *Cose trasparenti* del suo amatissimo scrittore russo? Mi pare proprio di sì. Leggiamolo:

Quando *noi* ci concentriamo su un oggetto materiale, ovunque esso si trovi, il solo atto di prestare ad esso la nostra attenzione può farci sprofondare involontariamente nella sua storia. I principianti devono imparare a sfiorare soltanto la superficie della materia se vogliono che essa resti all'esatto livello del momento. Cose trasparenti, attraverso le quali balena il passato!

A chi allude Nabokov con quel *noi* in evidenza? Noi, gli scrittori, circondati di fantasmi, gli scrittori che vedono attraverso le cose e le persone. E così – insegna – nulla di meschino resta tale, se guardato in trasparenza, niente è troppo piccolo o insignificante se messo a fuoco dalla comprensione di uno scrittore.

Nafisi scrive: «ciò che cerchiamo nella letteratura non è la realtà, ma un'epifania della verità», e non importa se questa epifania ci arriva direttamente da un cielo stellato o solo dal suo riflesso in uno specchio, da una tazza di tè condita di chiacchiere insignificanti o dal bucato nella tinozza su cui si piega un personaggio.

Come in una pagina di *Lady Oracolo* in cui Margaret Atwood ci mostra una romanziera fra scrivania e biancheria da lavare, perché: oh, quanto si ragiona bene su trama e personaggi mentre si esegue un qualche lavoro domestico...

Aprii gli occhi, mi alzai dal mio posto alla macchina per scrivere e andai a farmi una tazza di caffè. Tutto sbagliato. [...] avrei dovuto cercare di scrivere un romanzo vero, la storia di qualcuno che fa l'impiegato e vive amori squallidi e deludenti. Questo però era impossibile, andava contro la mia natura. Aspiravo al lieto fine, avevo bisogno del senso di liberazione che provavo quando tutto si risolveva nel migliore dei modi e potevo far piovere la felicità sui miei eroi come riso nuziale, lasciandoli alla loro beatitudine. [...] Non c'era caffè, così mi feci una tazza di tè. Poi raccolsi la biancheria che avevo seminato un po' dappertutto, sotto il tavolo, sugli schienali delle sedie, e la misi nel lavandino. La sfregai con una lamella di sapone verde nell'acqua rossastra che aveva un vago odore di ferro e di gas del sottosuolo; il water diventava ogni giorno meno efficiente. Cattive fogne, cattivi sogni: forse era per quello che non dormivo bene.

Strizzai la biancheria; la sentivo tutta granulosa. Dal momento che non avevo mollette, la stesi sulla ringhiera del balcone...

Il lavoro domestico diviene mezzo psichico di distrazione dal dolore, dalla paura, dai presentimenti della protagonista nella prosa di Joyce Carol Oates. In *Storia di una vedova*, romanzo autobiografico, Carol ritorna a casa dopo una pesante giornata in ospedale dove il marito, Ray, è stato ricoverato per una polmonite che si spera guaribile. Dal titolo sappiamo però che non lo sarà.

Desideravo fare una doccia, sfregarmi energicamente la faccia, le mani, i capelli scompigliati e pieni di nodi. Ho pensato [...]: "No, prima i gatti". Dovevo dar da mangiare ai gatti, lasciarli andare fuori ombrosi e diffidenti, preferiscono uscire, anziché mangiare nel loro angolo in cucina. "No, prima la posta". Ma ero troppo stanca per ritornare fino alla cassetta delle lettere [...]. "No, prima le luci". Perché tutta la casa era molto buia – una caverna, un sepolcro. Come una pazza che si è liberata dal letto di contenzione, sono corsa per le stanze, accendendo le varie luci: luce nel soggiorno, luce nella sala da pranzo, luce nell'ingresso, luce nelle camere, luce nello studio di Ray – luce! [...] l'intera casa illuminata, come fosse programmato un ricevimento. "No, prima devo pulire". Mi dicevo che, con un'energia fanatica, avrei passato l'aspirapolvere in ogni stanza, insistendo sui tappeti: di tutte le incombenze domestiche, passare l'aspirapolvere era quella che mi piaceva di più, per l'ottuso rumore sordo che rilascia e per l'immediata gratificazione che procura l'aggeggio: c'è qualcosa di davvero gratificante nel passare l'aspirapolvere la sera tardi o magari a notte fonda.

Il brano, fra straccio della polvere e bollette da pagare, continua con il catalogo delle cose più urgenti da fare, fino a quando l'autrice mette a fuoco, in un crescendo di pathos, ciò di cui ha veramente bisogno:

"No, voglio *I vespri*!" E così, alle due e quaranta del mattino, ho deciso di ascoltare un cd dei *Vespri* di Rachmaninov, una delle opere musicali preferite da Ray, una magniloquente composizione corale di straordinaria bellezza, che mio marito e io avevamo apprezzato insieme in un concerto anni prima – forse a Madison, nel Wisconsin, quando eravamo sposati da poco, quando era appena incominciata la grande avventura di dar vita a una *collezione di dischi*; i maliosi e ondivaghi *Vespri* che qualche mese addietro avevo udito al ritorno da un viaggio, scendendo dalla limousine nel nostro vialetto d'ingresso: mi aveva fatto sorridere il fatto di udire quella musica emozionante provenire dalla nostra casa – Ray aveva alzato il volume dello stereo, per ascoltarla nello studio, e io avevo pensato: "Sì, sono proprio a casa".

Come definire banali e "insignificanti" certi gesti quotidiani se hanno questa voce? Davvero niente è troppo piccolo o insignificante quando viene messo a fuoco dalla comprensione di uno scrittore.

Epifania del bucato a mano. O dell'essere semplici osservatori della svagata vita di tutti i giorni. Come quando Emma, nell'omonimo romanzo di Jane Austen, annoiata dagli interminabili acquisti dell'amica, la lascia alle sue stoffe per mettersi a contemplare l'attività della strada.

Harriet, tentata da tutto e suggestionata anche da una mezza parola, ci metteva sempre un'eternità a fare acquisti; e mentre se ne stava ancora piegata sulle mussole senza sapersi decidere, Emma per distrarsi se ne andò sulla porta... Non che ci si potesse aspettare molto dal viavai del centro più trafficato di Highbury... Il dottor Perry che passava frettoloso, William Cox che stava entrando nel suo ufficio, i cavalli della carrozza dei Cole che rientravano dopo la passeggiata d'esercizio o uno smarrito portalettere sopra un mulo ostinato erano gli spettacoli più interessanti che poteva attendersi; e quando il suo sguardo cadde sul macellaio col suo vassoio, sulla linda vecchietta in viaggio verso casa con il cesto pieno dopo le compere, su due cagnacci che si litigavano un osso lurido e su un gruppo di bambini che gironzolavano intorno alla vetrinetta del fornaio occhieggiando il pan di zenzero, sapeva di non aver motivo di lamentarsi e comunque si distraeva quel tanto da continuare a starsene sulla porta.

Ricordo ne *Il mare non bagna Napoli* della Ortese una scena simile. È nel racconto «Un paio di occhiali»: la piccola Eugenia, così miope da essere quasi cieca, inforca le lenti per la prima volta in un negozio di ottica e viene invitata a guardare fuori, nella strada.

Eugenia si era alzata in piedi, con le gambe che le tremavano per l'emozione, e non aveva potuto reprimere un piccolo grido di gioia. Sul marciapiede passavano, nitidissime, appena più piccole del normale, tante persone ben vestite: signore con abiti di seta e visi incipriati, giovanotti coi capelli lunghi e il pullover colorato, vecchietti con la barba bianca e le mani rosa appoggiate sul bastone dal pomo d'argento; e, in mezzo alla strada, certe belle automobili che sembravano giocattoli, con la carrozzeria dipinta in rosso o in verde petrolio, tutta luccicante; filobus grandi come case, verdi, coi vetri abbassati, e dietro i vetri tanta gente vestita elegantemente; al di là della strada, sul marciapiede opposto, c'erano negozi bellissimi, con le vetrine come specchi, piene di roba fina, da dare una specie di struggimento; alcuni commessi col grembiule nero le lustravano dall'esterno. C'era un caffè coi tavolini rossi e gialli e delle ragazze sedute fuori, con le gambe una sull'altra e i capelli d'oro. Ridevano e bevevano in bicchieri grandi, colorati. Al disopra del caffè, balconi aperti, perché era già primavera, con tende ricamate che si muovevano, e, dietro le tende, pezzi di pittura azzurra e dorata, e lampadari pesanti d'oro e cristalli, come cesti di frutta artificiale, che scintillavano. Una meraviglia.

Il mondo visto per la prima volta è tutto pulito e luminoso, tutto ori e cristalli. Ma la seconda volta che Eugenia infila gli occhiali, quelli suoi, fatti su misura per lei e tanto attesi, non quelli per prova del negozio, lo scenario è cambiato. Questa volta la bambina si affaccia dal portone del condominio dove vive, in uno squallido vicolo, vede il cortile. «Le girava la testa, e non provava più nessuna gioia».

Come un imbuto viscido il cortile, con la punta verso il cielo e i muri lebbrosi fitti di miserabili balconi; gli archi dei terranei, neri, coi lumi brillanti a cerchio intorno all'Addolorata; il selciato bianco di acqua saponata, le foglie di cavolo, i pezzi di carta, i rifiuti, e, in mezzo al cortile, quel gruppo di cristiani cenciosi e deformi, coi visi butterati dalla miseria e dalla rassegnazione, che la guardavano amorosamente. Cominciarono a torcersi, a confondersi, a ingigantire. Le venivano tutti addosso, gridando, nei due cerchietti stregati degli occhiali.

Forse, dopotutto, aveva ragione la zia quando le diceva: «Figlia mia, il mondo è meglio non vederlo che vederlo». Lo spaesamento di Eugenia è identico a quello dell'autrice, che in un'introduzione alla riedizione del 1994 dei suoi racconti spiega: «Io detestavo con tutte le mie forze, senza quasi saperlo, la cosiddetta *realtà*: il meccanismo delle cose che sorgono nel tempo, e dal tempo sono distrutte. Questa realtà era per me incomprensibile e allucinante».

Infatti: *ciò che cerchiamo nella letteratura non è la realtà, ma un'epifania della verità*. Nel caso di Eugenia, una ragazzina che scopre di colpo Napoli attraverso un semplice paio di occhiali che le correggono la vista, la verità è che esiste una città dei ricchi e una città dei *poveri e semplici* come lei. La "meraviglia", provata fuori dal negozio del centro, si trasforma in una brutale rivelazione all'interno del suo quartiere.

> «Mammà, dove siamo?»
> «Nel cortile siamo, figlia mia»

E la martellante insistenza della zia su quanto sono costati quegli occhiali («Ottomila lire, vive vive!»), cui prima la bambina non aveva dato peso, ora diventa ulteriore insopportabile rivelazione: è il denaro, solo il denaro, l'elemento magico che permette di attraversare lo specchio per passare dall'una all'altra dimensione, dall'una all'altra Napoli. Ma questo né la scrittrice lo dice esplicitamente, né Eugenia è in grado di decifrarlo dentro il dolore di un improvviso male allo stomaco e alla pancia. È qualcosa che resta implicito nel racconto, qualcosa che confusamente, come sempre nella grande letteratura, si svela nel non detto di un'allusione, per toccare un elemento bruciante della percezione e dell'essere, che una bambina, ignorante della vita, non avrebbe potuto capire; soltanto "sentire" attraverso le viscere in subbuglio. Perché, generalizzando, «il romanzo contiene più verità di quante ne contenga la realtà»: a dirlo stavolta è Liliana Rampello spiegando Virginia Woolf in un'introduzione ai saggi della scrittrice. La realtà con i suoi orpelli cambia continuamente, mentre le epifanie di verità nascoste restano a emozionarci e a illuminarci attraverso il tempo, a farci intravedere un briciolo d'immortalità sul fondo di una tazzina ormai vuota del suo contenuto.

Così certe piccole avventure del quotidiano, certe vicende di povere creature meschine prendono lo spazio della «realtà più gloriosa e splendente». Per esempio in un passo del libro *Scrivere* di Marguerite Duras, che ho sempre molto amato e che parla della morte di una mosca.

Un giorno imprecisato Marguerite, nella sua casa di Neauphle-le-Château, vede sul muro bianco morire una mosca e dice:

> La morte di una mosca è la morte. È la morte in cammino verso una certa fine del mondo, che estende il campo dell'ultimo sonno. Si vede morire un cane, si vede morire un cavallo e si dice qualcosa, ad esempio, povera bestia... Ma se una mosca muore non si dice niente, non si registra, niente. [...]
> Nel momento in cui la guardavo, a un tratto, erano circa le tre e venti del pomeriggio, il rumore delle elitre è cessato.
>
> La mosca era morta.
>
> Quella regina, nera e azzurra.
>
> Proprio quella, quella che avevo visto io, era morta. Lentamente. Si era dibattuta fino all'ultimo sussulto. E poi aveva ceduto. Era durato cinque, otto minuti. Era stato lungo. Un momento di assoluto terrore. E poi la morte se n'è andata verso altri cieli, altri pianeti, altri luoghi.

Anche l'ultimo scritto di Virginia Woolf (a parte la lettera per il marito Leonard prima di annegarsi, il 28 marzo del 1941) è dedicato alla morte di un insetto, una falena. Lei pure, come Duras, si trova a essere testimone degli ultimi momenti di vita del piccolo essere che lotta disperato per opporsi alla cosa inspiegabile che gli sta accadendo.

Lo sforzo gigantesco di un'insignificante piccola falena contro una forza di tale portata, per difendere ciò che nessun altro sembrava apprezzare o voler conservare, era stranamente commovente. Ancora una volta, in qualche modo, si vedeva la vita, un'autentica perla. Sollevai di nuovo la matita, pur sapendo che era inutile. Perfino in quel momento permanevano i segni inequivocabili della morte. Il corpo si rilassò, e subito s'irrigidì. La lotta era finita. La piccola creatura insignificante ora conosceva la morte. Mentre guardavo la falena morta, quell'infimo irrisorio trionfo di una potenza così smisurata su un avversario così modesto mi riempì di stupore. Se poco prima la vita era strana, ora la morte era altrettanto strana. La falena che era riuscita a raddrizzarsi da sola giaceva ora con dignitosa e stoica compostezza. Oh sì, sembrava dire, la morte è più forte di me.

Nel romanzo forse più visionario di Clarice Lispector, *La passione secondo G.H.*, la protagonista addirittura si autoreclude in una stanza scegliendo come sua unica compagnia uno scarafaggio:

Dammi la mano:

Ora ti racconterò come sono entrata nell'inespressivo che è sempre stato la mia ricerca cieca e segreta. Come sono entrata in quello che esiste fra il numero uno e il numero due, come ho visto la linea di mistero e di fuoco che è la linea clandestina. Tra due note musicali esiste una nota, tra due fatti esiste un fatto, tra due granelli di sabbia, per quanto uniti, esiste un intervallo di spazio, esiste un sentire che sta in mezzo al sentire – negli interstizi della materia primordiale passa la linea di mistero e di fuoco che è il respiro del mondo, e il respiro continuo del mondo è ciò che noi udiamo e chiamiamo silenzio.

C'è un episodio nella vita della Lispector che somiglia a quello che provocò la morte di Ingeborg Bachmann. Lo voglio ricordare anche se forse questo accostamento non significa niente. Tutte e due facevano uso di sonniferi e fumavano molto. Il 14 settembre del 1966, Clarice si addormentò sul letto della sua casa di Rio de Janeiro con la sigaretta accesa, dopo aver ingerito un medicinale. Il letto prese fuoco e una mano rimase gravemente ustionata, tanto che corse il rischio di perderla. Invece la mano si salvò e Lispector si spense poco più di un decennio dopo, di cancro, a cinquantasette anni. La Bachmann era morta nel 1973, per il rogo appiccato anche nel suo caso dalla sigaretta che stava fumando prima di addormentarsi. Era così piena di barbiturici che andò ad aprire la porta nuda (la camicia da notte e lo scialle erano bruciati), completamente ustionata, senza rendersi conto della gravità di ciò che le era accaduto. Aveva telefonato a un'amica per farsi portare una pomata anti ustioni. Perse conoscenza in ospedale, dove le ci vollero per morire ancora una ventina di giorni.

La morte è un grande tema, anzi enorme, non so che cosa c'entri qui, fra un bucato, un paio di occhiali e una pomata. O forse sì: quasi mai si muore in modo grandioso, eroicamente. Si muore in genere in modo insignificante, nella normalità di una malattia, e per sbaglio, per distrazione, per solitudine.

Amore (inventato)

In principio fu Saffo. Fu lei a mettere in versi indimenticabili l'ossessione d'amore:

> sudore per le membra mi scende
> e un brivido mi percorre
> e più verde dell'erba divento...

Immutata resta nei secoli:

> Disse semplicemente il mio nome. «Marta», disse, e capii che stava succedendo di nuovo. Mi tremavano le gambe sotto la grande tovaglia bianca e avevo la testa confusa, anche se non ero ubriaca. È così che m'innamoro.

Parola di Edna O'Brien, che nel racconto *Oggetto d'amore* dà vita a un personaggio, l'innamoratissima Marta, che si farà usare e umiliare da un uomo sposato capace di dirle: «Ti adoro, ma non sono innamorato di te; con i miei impegni non credo che potrei innamorarmi di qualcuno». Anche quando la loro storia finisce, Marta continua a coltivarne il ricordo («la lingua a cui piaceva succhiare, gli occhi mascalzoni, il sorriso, le vene sulle guance, la voce pacata...»).

> Vi chiederete come mai mi tormento così con i particolari della sua presenza, ma ne ho bisogno, non posso lasciarlo andare adesso

perché, se lo facessi, tutta la nostra felicità e il dolore che ha provocato in me – per lui non posso garantire – non sarebbero serviti a niente, e aggrapparsi al niente è spaventoso.

Ed è la stessa O'Brien che si confessa in un'intervista del 18 novembre 1984 sul «New York Times» al suo amico Philip Roth. Sono ormai due maturi cinquantenni, hanno molta esperienza, molti amori, molti libri e molto sesso alle spalle. Lui a un certo punto le domanda se il movimento delle donne ha in qualche misura modificato il rapporto di sudditanza, umiliazione, solitudine delle donne rispetto agli uomini. E lei risponde che, certo, le cose sono cambiate per il meglio sul piano dei diritti, ma quanto ai rapporti sentimentali:

Attrazione e desiderio sessuale scaturiscono non dalla consapevolezza ma da istinto e passione, e in questo maschi e femmine sono radicalmente diversi. L'uomo detiene più potere e maggior autonomia. È una questione biologica. Il destino femminile è ricevere lo sperma e trattenerlo, mentre quello maschile è darlo e, nel darlo, consuma se stesso, così di conseguenza si ritrae. Se lei è, in un certo senso, nutrita, lui al contrario viene prosciugato. Per riprendersi ha bisogno di volar via almeno temporaneamente. Il risultato è, da una parte, il risentimento della donna che si sente abbandonata, sia pure per breve tempo, dall'altra il senso di colpa di lui nell'allontanarsi, soprattutto per un suo innato bisogno di autodifendersi e ritrovarsi, in modo da riaffermare se stesso. L'intimità è dunque sempre e solo relativa. Un uomo può anche aiutare a lavare i piatti o cose del genere, ma la sua dedizione non può che essere ambigua, i suoi occhi non possono che guardarsi intorno. [...] Sono sempre stata, e ancora sono, soggetta alla sindrome di Heathcliff e di Rochester. L'eccitazione sessuale è in me legata, in gran parte, a dolore e separazione.

E quando Roth le chiede quanto sia più difficile, rispetto a un destino maschile, essere donna e scrittrice, gli risponde:

È molto diverso essere un uomo o una donna, molto diverso. Penso che tu, come uomo, hai lì ad aspettarti, nelle pieghe del mondo, un intero corteo di donne – potenziali mogli, amanti, muse, infermiere. Le scrittrici non possono aspirare a questo bonus.

Al che lui le suggerisce di cercarsi un Leonard Woolf. Ma lei risponde orgogliosa di non volere Leonard Woolf. Lei vuole Lord Byron e Leonard Woolf insieme! Insomma qualcuno capace di travolgerla e di non abbandonarla, anzi disponibile a esserci sempre e ad accudirla (come una donna, aggiungo io).

La caustica Grace Paley la chiama "lui-te":

Tu hai ancora la lui-te, la terribile malattia delle femmine.

Ne scrive nel racconto «Amiche» in *Più tardi nel pomeriggio*, la lui-te è la centralità del maschio nella vita delle donne, nei loro pensieri, nei loro discorsi. Probabilmente è la lui-te a scatenare l'invenzione di un uomo fuori dal comune, decisivo, salvifico e fatale. Un'invenzione che, come tale, è sganciata dalle caratteristiche reali dell'oggetto della passione. È tutto nella nostra testa. In questa sospensione di realtà, la forza travolgente dell'amore.

Per quel che mi riguarda contrassi (come Edna O'Brien) una lui-te fra le più gravi a dodici anni, leggendo *Cime tempestose*. Trovai il romanzo di Emily Brontë nella libreria di mia madre, forse me lo consigliò lei stessa (la lui-te si trasmette anche ereditariamente). Era un'edizione fuori commercio del 1958, regalo per le abbonate della rivista femminile «Annabella», con un'attraente copertina rivestita di stoffa chiara seminata di foglioline rosa e azzurre. Ho il libro qui con me anche adesso, riletto altre volte nella vita in età diverse, affettuosamente accarezzato per il piacevole contatto con quella copertina di stoffa, tutto sottolineato e con le pagine deformate da orecchiette. Il titolo era infedele all'originale: *La voce nella tempesta*, copiato – credo – da quello del celebre film di William Wyler (con Laurence Olivier) che ne era stato tratto. C'è un brano in cui la protagonista, Catherine, spiega lucidamente alla governante Ellen Dean, detta Nelly, la natura proiettiva della sua passione per Heathcliff – il selvaggio amico d'infanzia cresciuto con lei come un fratello –, passione molto diversa dall'affetto che la lega al marito, Edgar Linton:

> I miei grandi dolori in questo mondo sono stati i dolori di Heathcliff, io li ho tutti indovinati e sentiti fin dal principio. Il mio gran pensiero, nella vita, è lui. Se tutto il resto perisse e *lui* restasse, *io* potrei continuare a esistere; ma se tutto il resto durasse e lui fosse annientato, il mondo diverrebbe, per me, qualche cosa di immensamente estraneo: avrei l'impressione di non farne più parte. Il mio amore per Linton è come il fogliame dei boschi: il tempo lo trasformerà, ne son sicura, come l'inverno trasforma le piante. Ma il mio amore per Heathcliff somiglia alle rocce nascoste ed immutabili; dà poca gioia apparente ma è necessario. Nelly: io *sono* Heathcliff! Egli è stato sempre, sempre nel mio spirito: non come un piacere, allo stesso modo ch'io non sono sempre un piacere per me stessa, ma come il mio proprio essere.

In temperamenti come quello di Catherine Earnshaw vivono i sentimenti su un doppio piano di realtà: quello della quotidianità accanto a un uomo protettivo e rassicurante e quello della grande passione fantasmatica che incarna la perfetta sintonia con il proprio spirito, ma impossibile a viversi se non nell'esaltazione dell'attimo, di natura distruttiva perché eccessiva, abnorme. Non così per Heathcliff (sogno femminile del maschio assoluto, perdutamente innamorato e innamorato per sempre, che tutto è disposto a distruggere, tranne l'oggetto del proprio amore):

Perché mi hai disprezzato? *Perché* hai tradito il tuo stesso cuore, Catherine? Io non ho una parola di conforto per te: tu hai quello che ti meriti. Ti sei uccisa da te stessa. Sì, tu puoi baciarmi, e piangere, puoi strapparmi lacrime e baci: essi ti arderanno, ti danneranno. Tu mi amavi: che *diritto* avevi, allora, di lasciarmi? Che diritto, rispondimi, di sacrificarmi al tuo miserabile capriccio per Linton? Mentre né la miseria, né la degradazione, né la morte, nulla di tutto quello che Dio e Satana potevano infliggerci, ci avrebbe separati, tu, di tua piena volontà hai fatto ciò. Non io ti ho spezzato il cuore, ma *tu* stessa: e il mio col tuo.

In questo romanzo violento, stravagante, dominato dallo scatenamento dell'inconscio femminile, i due amanti Catherine e Heathcliff potranno stare finalmente insieme solo dopo la morte, come fantasmi che percorrono abbracciati e instancabili la tempestosa brughiera, fra l'erica delle colline in cui avevano tanto sofferto da vivi. La dimensione della realtà non è concepita per loro.

Cambiano le generazioni, ma in questo le donne non cambiano. A loro l'amore non basta, si accendono per "il racconto dell'amore", a loro piace "fare romanzo". Lo dice chiaro e tondo Françoise Sagan in *Bonjour tristesse*:

Oltre al piacere fisico e reale che mi procurava l'amore, provavo una specie di piacere intellettuale nel pensarci. Le parole «fare l'amore» hanno un loro fascino speciale, tutto verbale, indipendente dal significato. Il termine «fare», materiale e positivo, unito all'astrazione poetica della parola «amore», mi entusiasmava.

E non viene fuori anche da quell'interessante esperimento di contrapposizione dell'immaginario sessuale femminile e maschile di due adolescenti (Rocco e Antonia) che fu, nei primi anni Ottanta, *Porci con le ali*, firmato da Marco Lombardo

Radice e Lidia Ravera? Riflette Ravera nell'introduzione a una delle tante riedizioni del romanzo:

> Se c'è una cosa buona in questo piccolo libro è proprio la differenza fra le due voci. Fra le due fantasie, fra le due diverse vie all'erotismo. Rocco riutilizza, per mettere in moto la macchina del desiderio carnale, immagini fermate nella sua memoria, poca roba, una natica di ragazza, un costumino blu, un bacio. Sono istantanee logorate dall'uso. Ma gli bastano. Antonia, per ottenere lo stesso risultato, deve costruire una storia. Fatica addizionale delle donne.

Antonia è eversiva anche rispetto agli stereotipi che la vorrebbero entusiasta di aderire alle fantasie sessuali – e non solo fantasie – del suo compagno («dovrà accettare un rapporto, come si dice, contro natura e si sentirà usata e si sentirà a disagio [...] non era entusiasta di sperimentare posizioni. E neppure di dedicarsi al sesso orale»). Antonia dice la verità: per una donna l'eros è molto più eccitante se intorno si forma un intreccio, non necessariamente d'amore (anche se con l'amore è meglio), basta che ci sia un gioco, un plot, una qualche forma di storia:

> Rocco e Antonia si notano e si accoppiano, prima secondo i canoni classici dell'inesperienza, poi, via via più trasgressivi, per volontà soprattutto di lui, dato che lei, essendo femmina, gradisce soprattutto le coccole dopo, le piccole lusinghe, essere guardata e apprezzata, oppure bisticciare e fare la pace, che lui parta per la guerra, che la salvi dai banditi, insomma... che la festa della narrazione cominci e l'amore deflagri, in tutte le sue trame.

Almeno Antonia da Rocco è ricambiata. C'è invece una forma ulteriore di complicazione nella vita amorosa delle donne, che è una certa tendenza al masochismo. La ritroveremo parlando di Annie Ernaux. Adesso, Brontë chiama Brontë:

Charlotte in questo caso che, mentre crea eroine superiori, capaci di imporsi in un mondo maschile e far trionfare la propria volontà incrinando l'indiscusso potere degli uomini, nella vita si fissa in un innamoramento non corrisposto per un bell'indifferente, sposato, che cerca di allontanarla per non insospettire la moglie. Così gli scrive, in una delle tante lettere senza risposta che gli invia, il 18 novembre del 1845:

> Ecco cos'è davvero umiliante: ritrovarsi incapace di controllare i propri pensieri, essere schiavi d'un rimpianto, d'un ricordo, essere schiavi di un'idea fissa, ossessiva, che tiranneggia l'animo.

Di lui-te soffriva certamente la cinquecentesca Gaspara Stampa, che l'analizzò nei suoi versi, riflettendo sulle ricadute (perché nei fatti sentimentali s'impara, sembra, ben poco dall'esperienza):

> Ma che poss'io se m'è l'arder fatale,
> se volontariamente andar consento
> d'un foco in altro, e d'uno in altro male?

Innamorarsi, in quest'ottica, è dunque "fuoco" malioso e inevitabilmente distruttivo, il cadere e ricadere in una specie particolare di disgrazia. O forse è cercare in tanti uomini diversi l'immagine dell'Uomo, del Compagno Ideale o Anima Gemella che dir si voglia, perfetto doppio in forma maschile.

Natalia Ginzburg parla di «pozzo oscuro in cui cadono» le donne. Ci cadono per motivi sentimentali, per insicurezza, perché non si piacciono, perché pensano di non piacere agli altri, perché si sentono brutte, perché non riescono a dimenticarsi di se stesse e «a identificarsi col lavoro che fanno», come invece agli uomini riesce benissimo. Il motivo atavico di questo pozzo, che possiamo anche chiamare depressione, secondo Natalia è costituito dal fatto che «le donne sono una stirpe disgraziata e infelice con tanti secoli di schiavitù sulle spalle» e questo rende loro difficile riconoscersi come «esseri liberi».

A me non è mai successo di incontrare una donna senza scoprire dopo un poco in lei qualcosa di dolente e di pietoso che non c'è negli uomini, un continuo pericolo di cascare in un gran pozzo oscuro, qualcosa che proviene proprio dal temperamento femminile e forse da una secolare tradizione di soggezione e di schiavitù e che non sarà tanto facile vincere; m'è successo di scoprire proprio nelle donne più energiche e sprezzanti qualcosa che m'induceva a commiserarle e che capivo molto bene perché ho anch'io la stessa sofferenza da tanti anni e soltanto da poco tempo ho capito che proviene dal fatto che sono una donna e che mi sarà difficile liberarmene mai.

Pubblicò questo testo nel marzo del 1948 sul mensile politico e culturale «Mercurio», diretto da un'altra scrittrice, Alba de Céspedes, che sentì il bisogno di chiosare le parole della collega con una nota meno pessimistica:

Io credo che questi pozzi siano la nostra forza. Poiché ogni volta che cadiamo nel pozzo noi scendiamo alle più profonde radici del nostro essere umano.

E anzi alla de Céspedes pare un difetto nella personalità maschile «non abbandonarsi mai totalmente, mai lasciarsi cadere nel pozzo». È un modo, il suo, più moderno di vedere le cose, anche se – ancora oggi – persino le più giovani riconoscono la presenza cupa del pozzo almeno in un campo, quello amoroso. Le donne, insomma, avendo quotidiani rapporti ormai con l'universo lavorativo degli uomini, avrebbero imparato a tenersi a galla e a combattere senza lasciarsi sprofondare. Ma non se la frustrazione riguarda una ferita narcisistica di ordine affettivo.

Prendiamo quella perlustrazione spietata del "pozzo", quell'analisi ossessiva della "lui-te" che è *Passione semplice* di Annie Ernaux, il racconto di due anni vissuti in funzione di un uomo.

Sin dal mese di settembre dello scorso anno non ho fatto nient'altro che aspettare un uomo: che mi telefonasse o che venisse da me [...].

Non avevo altro avvenire che la prossima telefonata d'appuntamento. Cercavo di uscire il meno possibile oltre i miei obblighi professionali – dei quali lui aveva gli orari – sempre per paura che chiamasse in mia assenza. Evitavo anche di usare l'aspirapolvere o l'asciugacapelli, che mi avrebbero impedito di udire lo squillo. E quest'ultimo mi devastava con una speranza che durava spesso soltanto il tempo di alzare lentamente il ricevitore e di dire pronto. Appurato che non si trattava di lui, cadevo in una profonda delusione, tale da aborrire la persona all'altro capo del filo. Appena udivo la voce di A., la mia attesa indefinita, dolorosa, gelosa evidentemente, si vanificava così alla svelta che avevo l'impressione di essere stata pazza e di ritornare d'un subito normale. Ero colpita dall'insignificanza, in fondo, di quella voce e dall'importanza smisurata ch'essa aveva nella mia vita.

E mentre è pazza del suo amante, fino a farne il perno dell'esistenza, divisa ormai fra la felicità di sporadici incontri (puramente sessuali) e l'infelicità delle separazioni, l'autrice si domanda «che cosa significassero per lui quei pomeriggi passati a far l'amore. Senza dubbio null'altro che questo, appunto, fare l'amore. In ogni modo era inutile cercare ragioni supplementari, sarei stata certa solo di una cosa: il suo desiderio o l'assenza di esso». Fino a quando questo desiderio in

A. si affievolisce e viene meno. Allora non si fa più sentire: è partito per un altro paese.

Tornerà, dopo un anno di silenzio dolorosissimo per la protagonista. Si rivedono una volta, soltanto una.

Ho l'impressione che quel ritorno non abbia avuto luogo. Non occupa alcun posto nel tempo della nostra storia, solo una data, 20 gennaio. L'uomo che è ritornato quella sera non è più quello che portavo in me durante l'anno in cui era qui, e dopo, quando scrivevo. Quell'uomo non lo rivedrò più. Pure, è quel ritorno, irreale, quasi inesistente, che dà alla mia passione tutto il suo senso: il quale consiste nel non averne alcuno, nell'essere stata per due anni la realtà più violenta che esista, e la meno spiegabile.

Messa a confronto con la verità del suo *amour fou*, ormai guarita dalle proiezioni fantasmatiche della sua ossessione, la donna prende atto dell'insignificanza della storia e della realtà totalmente immaginaria della passione che ha provato. Ma è stato proprio l'esercizio di una tale immaginazione desiderante la fonte del suo eros.

Esasperato masochismo, bisogno patologico di riconoscimento, vera e propria follia? Donne disposte a tutto per amore. O donne che amano troppo, come recitava il titolo di un bestseller degli anni Settanta. È la sindrome di Adèle Hugo, figlia del celebre scrittore francese, che ha lasciato dietro di sé diari in cui appuntava la folle impresa di rincorrere un uomo da un continente all'altro per convincerlo a sposarla implorandolo, minacciandolo e riuscendo solo a farsi brutalmente respingere:

Quella cosa incredibile da farsi per una ragazza, attraversare il mare e passare dal vecchio mondo al nuovo mondo per raggiungere il suo amante. Quella cosa io la farò.

François Truffaut le dedicò nel 1975 un bel film sconvolgente, *L'histoire d'Adèle H.*, seguendone il progressivo degrado verso la demenza per amore d'un ufficiale inglese, tal tenente Pinson, che la seduce e poi l'abbandona, e che lei insegue e perseguita fino in Canada, ad Halifax. Una storia come altre, appena meno drammatiche magari, in cui la concretezza del desiderio maschile si scontra con la capacità femminile d'inventare l'altro e i sentimenti che l'altro non prova. L'impresa di Adèle risale al 1862, ma ecco che ancora oggi se ne ritrova un'eco nelle parole della cilena Marcela Serrano. Cito da un suo romanzo del 1997, *L'albergo delle donne tristi*:

Quando arrivo al dunque, vado all'indietro: cesso di essere la donna di fine secolo che dovrei essere e divento la reincarnazione di mia madre o di mia nonna. Quindi, dopo una notte d'amore, non solo mi aspetto una telefonata... aspetto fiori, lettere, magari che lui mi dichiari che l'incontro con me è stato fondamentale, che nel momento in cui è venuto a letto con me il mondo ha smesso di girare!

Del resto, in questo immaginario albergo della Serrano, vanno a curarsi le ferite donne di età e condizioni diverse, che raccontano l'una all'altra i propri amori autolesionistici, il senso di solitudine e di vulnerabilità dopo storie sentimentali ormai chiuse o rimaste irrisolte, spesso frutto di sogni e fissazioni. Nell'hotel si trova anche una dépendance per "Belle Addormentate". «Come quelle della favola?» chiede Floreana. E ottiene questa risposta:

Sì, più o meno... Sono romantiche, conformiste, attaccate alle piccole cose quotidiane; si illudono ancora che un giorno verranno svegliate da un bacio e tutto, come per magia, sarà diverso, senza che loro abbiano la benché minima responsabilità in questa trasformazione: saranno felici per volontà divina. Insomma, vivono aspettando di essere ridestate da un Principe Azzurro.

Sognare principi azzurri, inventarsi l'altro chiudendo gli occhi rispetto alla persona in carne e ossa, fissarsi con l'unico che non risponde al richiamo, che resiste alla seduzione, o pretendere di cambiarlo. Potrebbe anche definirsi "sindrome di Rossella O'Hara". Quando Rossella in *Via col vento* confessa al padre il suo amore per Ashley Wilkes, lui la rimprovera («Sei corsa dietro a un uomo che non ti ama, mentre potresti avere i migliori giovanotti della Contea?»), quindi le ricorda che quel ragazzo sta per sposare un'altra, Melania Hamilton, e cerca di farle notare i difetti di Ashley, troppo intellettuale per una come sua figlia! Ma Rossella gli risponde spavalda:

«Oh, babbo! Se lo sposassi, lo cambierei!»
«Credi?» replicò stizzosamente Geraldo, lanciandole uno sguardo penetrante. «Allora vuol dire che conosci ben poco gli uomini, non escluso Ashley. Nessuna moglie ha mai cambiato il cervello del marito, ricordatelo!».

Ma lei, imperterrita, va lo stesso verso la rovina e, poche pagine dopo, durante una festa in cui cerca di non vedere i gesti affettuosi che legano Ashley e Melania, fa la sua dichiarazione d'amore al costernato Wilkes, perché:

Riusciva a pensare soltanto che lo amava, che amava tutto di lui, dall'altero portamento del suo capo dorato alle sue scarpe nere; amava la sua risata anche quando la canzonava, amava i suoi strani silenzi. Oh, se entrasse e la prendesse fra le braccia sicché ella non dovesse parlare! Doveva amarla...

Però le cose procedono secondo il principio di realtà e non secondo i desideri di Rossella. Gentilmente, Ashley la respinge. Le ricorda che in serata sarà annunciato il suo fidanzamento con Melania. Cerca di scherzare e di gratificarla per sollevarla dall'imbarazzo: «Non vi basta di aver fatto oggi collezione dei cuori di tutti gli uomini? Volete proprio l'umanità?».

No, a Rossella O'Hara non basta aver fatto strage di cuori. Non vuole tutta l'umanità (maschile), vuole solo l'unico capace di resisterle. E ora intende vendicarsi. Così accetta impulsivamente, in quella stessa serata, la proposta di matrimonio di Carlo Hamilton, fratello di Melania, uno dei suoi tanti spasimanti, riuscendo in questo modo a restare accanto al suo Ashley, prigioniera di un sogno d'amore infranto. Solo quando, dopo molti anni e dopo la morte di Melania (Carlo è già morto in guerra), potrebbe finalmente realizzare quello che ha tanto atteso, si rende conto che il grande amore semplicemente non esisteva.

«Non è mai esistito veramente, se non nella mia fantasia» pensò con tristezza. «Ho amato qualche cosa costruita da me, qualche cosa che è morta con Melania. Ho fatto un bel fantoccio e me ne sono innamorata. E quando Ashley venne a cavallo, così bello, così diverso, gli misi gli abiti del fantoccio e glieli feci portare, gli andassero bene o no. E non ho mai voluto vederlo come era in realtà. Ho continuato ad amare il fantoccio... ma non lui».

In un racconto fra i più intensi di Marguerite Yourcenar, *Il colpo di grazia*, la scrittrice mette a confronto due modalità estreme di vivere un rapporto amoroso, quella maschile e quella femminile, e lo fa attraverso la parola di lui. Eric sottovaluta la pur intensa attrazione per Sofia, che arriverà a voler morire per mano sua:

Quanto a Sofia, mi era completamente uscita dalla mente. Come una donna abbandonata a un'uscita di *métro* perde la sua individualità via via che si allontana, e non è più nella distanza se non una passante, le emozioni che ella mi aveva procurato affondavano di lontano nell'insignificante banalità dell'amore; non me ne restava che uno di quei ricordi sbiaditi che fanno alzare le spalle quando li si ritrova al fondo della memoria simili a una fotografia sfocata o presa contro luce nel corso di una gita dimenticata.

Eppure c'era stato fra loro almeno un momento decisivo:

Quel corpo, insieme disfatto e irrigidito dalla gioia mi pesava fra le braccia con un peso altrettanto misterioso di quello che avrebbe avuto la terra se qualche ora prima io fossi entrato nella morte. [...] Mi strappai a Sofia con uno scatto selvaggio che dovette sembrar ben crudele a quel corpo che la felicità privava di difese. Riaprì le palpebre (le aveva chiuse) e vide sul mio viso qualcosa senza dubbio più insopportabile dell'odio e dello spavento giacché indietreggiò, si coprì la faccia con il gomito alzato, simile a una bambina schiaffeggiata, e fu l'ultima volta che la vidi piangere sotto i miei occhi. Ebbi ancora con lei due incontri senza testimoni, prima che ogni cosa si compisse. Ma a partire da quella sera tutto avvenne come se uno di noi fosse già morto: io, per quello che la riguardava, o lei, in quella parte di se stessa che a forza di amarmi mi aveva aperto un credito illimitato.

La stessa autrice spiega il senso del suo racconto nella prefazione. Dice che Eric considera Sofia un «avversario», in quanto donna che egli non vuole amare. Lo descrive chiuso «in una corazza di durezza», mentre «gli smarrimenti di Sofia sono fatti del bisogno di darsi anima e corpo, ben più che del desiderio di andare a letto con qualcuno o di piacere a qualcuno». Aveva molto riflettuto Yourcenar sui due comportamenti, perché la storia del *Colpo di grazia* elabora in modo mitico qualcosa che l'aveva profondamente toccata nella giovinezza, il suo amore – respinto – per un giovane omosessuale. Generalizza così l'atteggiamento del maschio che si ritrae di fronte all'irruenza del sentimento femminile:

E del resto la sua ripugnanza e la sua rivolta di fronte all'insistente passione della ragazza sono meno eccezionali di quanto si creda, effetti quasi banali dello *choc* che un uomo subisce trovandosi per la prima volta faccia a faccia con il terribile amore.

L'amore è "terribile" anche secondo la spirituale Simone Weil. Intransigente e lapidaria riflette:

Amiamo qualcuno, cioè amiamo bere il suo sangue.

Si riferisce a tutti, uomini e donne? Ho l'impressione che pensi alle donne, al totalitarismo amoroso delle donne. Ho citato dal Quaderno n. XVII; nel sesto, partendo forse da un dato autobiografico, scriveva:

Delusione da parte di un essere amato. Gli ho scritto. Impossibile che non mi risponda quel che io mi sono detto a nome suo.

Debitori. Gli uomini ci debbono quel che noi immaginiamo che essi ci daranno. Rimettere loro questo debito.

Accettare che essi siano diversi dalle creature della nostra immaginazione, significa imitare la rinuncia di Dio. Accettare che essi siano.

Colpisce, e forse consola, che a ogni donna, quale che sia la sua provenienza, quale che sia la sua vita, può accadere di confrontarsi con la dipendenza sentimentale da qualcuno che non ricambia l'amore come si desidererebbe. Scrive Hetty Hillesum nel *Diario* quando, ventisettenne, è irretita in una relazione clandestina col suo stravagante terapeuta, lo spiritualista Julius Spier, fondatore della psicochirologia:

Di tanto in tanto voglio tornare fra le sue braccia e poi ne vengo fuori tutta triste di nuovo. [...] Forse, la mancanza di donne importanti nel campo della scienza e dell'arte si spiega così: col fatto che la donna si cerca sempre un uomo solo, a cui trasmette poi tutta la propria conoscenza, calore, amore, capacità creativa. La donna cerca l'uomo e non l'umanità.

Non è proprio così semplice questa questione femminile. A volte, quando vedo per strada una donna bella e ben curata, assolutamente femminile e magari un po' stupida, sono capace di perdere la testa: allora il mio cervello, le mie lotte e sofferenze mi diventano un peso, li sento come qualcosa di brutto e di non femminile e vorrei essere solo bella e stupida, una specie di giocattolo desiderato da un uomo.

Hetty sa di avere «una tendenza all'ascesi», ma non riesce a vivere la fisicità con distacco e a smettere di «considerare S. come un fine» invece che «un mezzo per continuare a crescere e maturare» secondo l'insegnamento del suo amante e maestro. Non possiamo sapere se, senza il campo di concentramento ad Auschwitz – che scelse nel 1943 pur potendo salvarsi e che la ucciderà –, avrebbe ugualmente percorso il suo luminoso cammino verso il superamento di sé. Spier, anche lui ebreo, era morto l'anno prima, il giorno precedente all'annunciata deportazione verso lo stesso lager.

Più complesso il "caso" dell'ebrea-tedesca Hannah Arendt, la geniale studiosa del totalitarismo, legata per tutta la vita a un contorto, altalenante, contraddittorio rapporto affettivo con il suo venerato insegnante della giovinezza, il filosofo Martin Heidegger. Quando s'incontrano Hannah ha diciott'anni, lui trentacinque ed è sposato da sette anni. Hannah si lascia sedurre, manipolare, allontanare, ingannare, e per tutta la vita – anche nelle distanze politiche che cerca di prendere rispetto alla posizione compromessa di lui col nazismo – conserverà un atteggiamento di tenerezza, comprensione, affetto. «Per quanto fosse una donna indipendente e anticonformista» nota una sua biografa, Elzbieta Ettinger, «vedeva ancora gli uomini, nella vita privata, nel loro ruolo tradizionale». Ed è la stessa Hannah ad ammettere in una lettera del 1937 al futuro secondo marito, Heinrich Blücher, preoccupazioni che stonano con la forza del suo carattere e del suo pensiero:

Vedi, Heinrich, all'inizio non scrivevo tutti i giorni perché non ero del tutto certa della tua reazione e perché in questo genere di cose ti imito – in modo quasi servile. Perché – e questa è un'eterna paura femminile – una donna ha sempre il terrore che il suo amore, o l'esuberanza del suo amore, vengano percepiti come fardello.

Nel 1937 Hannah ha trentun anni. Ma ne ha cinquanta quando il libro che la rende famosa, *Le origini del totalitarismo*, uscito negli Stati Uniti, rimbalza in Europa e viene tradotto in Germania. Heidegger non le dice una parola e rifiuta di rivederla. È profondamente offeso dalla teoria sostenuta nel libro, secondo la quale il totalitarismo trova una radice comune nel nazionalsocialismo (da lui apprezzato) e nel comunismo (da lui aborrito). Hannah, preda del suo incantesimo, preferisce vedere in tanta durezza vecchie ragioni sentimentali e dirsi che Martin si rifiutava di riconoscere in lei l'intellettuale. Nel novembre del 1955 scrive a Blücher (ora suo marito): «Come sai, io sono pronta a comportarmi verso Heidegger come se non avessi mai scritto una parola e non dovessi mai scriverne una».

Le ragioni del comportamento della Arendt sono interessanti anche al di là della sua biografia, perché illuminano il lato succube e gregario di una certa psicologia femminile. Leggo nel libro della Ettinger *Hannah Arendt e Martin Heidegger. Una storia d'amore*:

Hannah Arendt oscillava fra ciò che le diceva la ragione e ciò che sapeva. Voleva emanciparsi dal potere di Heidegger, mettere fine a quella schiavitù, ma non a quel legame. Voleva conservare la sua amicizia, e forse il suo amore. Da bambina aveva compiuto uno sforzo straordinario per guadagnarsi l'amore della madre: aveva finto che i suoi sentimenti verso il padre non fossero stati toccati dall'orribile trasformazione che la malattia aveva provocato in lui; ora era pronta a fingere di non essere una studiosa per conservare l'affetto di Heidegger. L'insicurezza e il bisogno di essere amata, che un tempo l'avevano portata a rinunciare alla sua indipendenza, erano tanto reali per la donna di cinquant'anni quanto lo erano stati per la bambina di cinque. Per conservare il ruolo di confidente di Heidegger era pronta a disconoscere la propria intelligenza e le proprie conquiste.

Quando Hannah pubblica in tedesco *Vita activa* nel 1960, scrive a Heidegger:

Noterai che il libro non reca alcuna dedica. Se i rapporti tra noi non fossero stati sfortunati – intendo *tra*, il che non significa né tu né io – ti avrei chiesto se potevo dedicarlo a te; il libro [...] ti deve, sotto ogni aspetto, quasi tutto. Visto come stanno le cose, mi è sembrato impossibile.

Lui s'infuria per la lettera e si chiude in un lungo silenzio. Ma Hannah continua a non vedere la realtà e con l'altro suo grande maestro e ormai amico, Karl Jaspers, si sfoga assumendosi la colpa della nuova rottura e di tutto, pur di non incrinare il mito che ha costruito intorno all'uomo idolatrato e alla relazione con lui:

Heidegger: sì, è una storia sgradevole [...] Io so quanto sia insopportabile per lui che il mio nome appaia in pubblico, che io scriva libri, ecc. Per tutta la vita io l'ho praticamente imbrogliato, comportandomi sempre come se tutto questo non esistesse, e come se, per così dire, non fossi capace nemmeno di contare fino a tre, tranne quando si trattava di interpretare le sue stesse cose: allora per lui era sempre molto gradito che si vedesse che sapevo contare fino a tre, e certe volte fino a quattro. Ma improvvisamente l'imbroglio mi è venuto a noia, ed ecco che mi sono presa un pugno sul naso. Per un momento sono stata furiosa ma ora non lo sono più per niente. Piuttosto sono dell'opinione che in qualche modo me lo sono meritato.

Heidegger avrebbe lodato in seguito Hannah – e di sfuggita – soltanto una volta, per un articolo su Walter Benjamin. Nelle ultime lettere che si sono scambiati, lui si mostrava più tenero preoccupandosi della salute di lei. Hannah continuava a gratificarlo:

Nessuno sa tenere una lezione come sai fare tu, e nessuno ha mai saputo farlo prima di te.

Dicono che innamorarsi sia comunque una forma di temporanea follia e, naturalmente, i maschi non ne sono esenti. Così mi piace quadrare il cerchio, per così dire, ricorrendo al breve romanzo di Yasmina Reza, *Una desolazione*, in cui l'autrice francese fa spiegare la questione di un inestinguibile e fantasmatico amore frustrato dalla voce di un uomo, che si confessa al figlio:

Come rinunciare all'immaginario, e in cambio di cosa? Lei mi andava bene perché era un'instabile, diceva sì, diceva no, e sì e no simultaneamente, mi andava bene perché non la capivo... lo vedi anche tu, figlio mio, ancora oggi sono qui che la reinvento... mi andava bene perché non smettevo mai di desiderarla, perché era un miraggio incessantemente *differito*, la mia illusione più assoluta. [...] Quel giorno a rischiare di spegnersi non era l'amore, non era una qualsiasi forma di attaccamento terreno, bensì l'illusione stessa della vita. [...] Con lei ci siamo sempre limitati alle soglie, ai pianerottoli e questo, se avessi un minimo di capacità di analizzare le cose, dovrebbe farmi dedurre che, con Marisa, l'illusione della vita sia stata tanto più violenta, in quanto mai abbellita da un elemento esteriore e mai, dico mai, confusa con la felicità.

Resta il fatto che le donne hanno l'inestinguibile bisogno di esercitare questo tipo di immaginario amoroso fino a conseguenze estreme. Forse perché scommettono sempre sulla vita. Lo conferma ancora una volta Edna O'Brien nell'intervista con Roth: «Ho amato tanto, e follemente nella mia vita. Sempre con la stessa intensità, senza mai imparare niente dalle delusioni».

L'illusione è più forte della successiva delusione. L'illusione dell'amore eterno che si trasforma, esaurita la favola passionale, nella realtà di tutti i giorni spesso asfissiante e persecutoria. È la lezione dell'americana Willa Cather nel fulminante racconto *Il mio mortale nemico*:

> Si può essere nemici e amarsi allo stesso tempo, sai. Noi siamo stati... Poi un uomo e una donna si sciolgono da quel lungo abbraccio, e vedono che cosa si sono fatti.

Myra ha rinunciato per amore di Oswald a un'immensa fortuna, perché la giovinezza «riveste di esaltante bellezza un sentimento così comune». Dopo una vita di povertà bohémienne, malata terminale e assistita dal marito, tira un bilancio che sconvolge la giovane Nellie, cresciuta nel mito di questa grande storia d'amore: «È stata la rovina di tutti e due. Ci siamo distrutti a vicenda [...] Perché devo morire così, sola con il mio mortale nemico?». E Nellie non dimenticherà mai più il duro insegnamento:

> Mi si gelarono le mani e la paura mi bagnò la fronte. Non avevo mai sentito nessuno pronunciare una sentenza tanto terribile su ciò che ognuno di noi si augura.

Relazioni (pericolose)

Sono gelosa degli uomini – un'invidia sottile e pericolosa in grado, immagino, di minare qualsiasi rapporto. È un'invidia che nasce dal desiderio di essere attiva e dinamica, non passiva e subalterna. Invidio all'uomo la libertà fisica di condurre una doppia vita: la carriera e la vita sessuale e familiare. Posso far finta di dimenticarla, ma è inutile: la mia invidia è sempre lì, insidiosa, maligna, latente. [...] Non solo sono gelosa; sono vanitosa e superba. Non voglio accettare che la mia vita finisca nelle mani di un marito, rinchiusa nella più vasta sfera delle sue attività e indirettamente nutrita dei racconti delle sue imprese concrete. Io devo avere una mia sfera legittima e personale, distinta dalla sua che lui deve rispettare.

Non ha nemmeno vent'anni Sylvia Plath, quando nel diario si dispera in questo modo. Si descrive «abbronzata, alta, quasi bionda, non male» e con «una voglia disperata di piacere agli altri». A Cambridge, all'inizio del 1956, conosce Ted Hughes, del quale ama già la poesia pubblicata su rivista: è un colpo di fulmine. Lei ora di anni ne ha ventitré, lui venticinque. «E quando mi ha baciato il collo l'ho morso forte e a lungo sulla guancia e quando siamo usciti dalla stanza, gli colava il sangue dalla faccia». È l'inizio bellicoso e passionale di una relazione che presto, pochi mesi dopo l'incontro, si trasforma in matrimonio e resterà conflittuale fino alla fine, fino al suicidio di Sylvia.

Il 9 agosto del 1957 Plath, che vede respinta la sua prima raccolta poetica, mentre Hughes inanella riconoscimenti, si macera:

... mi preoccupo per Ted, per il suo successo, che dovrò affrontare in autunno insieme al mio lavoro, amandolo, e amando lui perché l'ha raggiunto, ma desiderando intensamente di poter star meglio entrambi conquistandolo anch'io. Ma è andata meglio così, se uno solo di noi due doveva aver fortuna: è per questo che ho potuto sposarlo, ben sapendo che come poeta è migliore di me e che non avrei mai dovuto reprimere il mio modesto talento, ma che avrei potuto elaborarlo e spingerlo all'estremo, dato che Ted sarebbe rimasto sempre in testa.

Ted vive tutt'altra esperienza coniugale. Scrive al fratello: «Il matrimonio è il mio elemento naturale. Anche la mia fortuna prospera grazie a esso, e così pure quello che produco. Non hai idea di che vita felice facciamo io e Sylvia o forse ce l'hai. Lavoriamo, facciamo passeggiate, ci aggiustiamo a vicenda quel che scriviamo. Lei è uno dei migliori critici che io abbia mai conosciuto e comprende perfettamente la mia immaginazione, e anch'io credo di comprendere la sua».

Le pagine dei diari di lei, invece, grondano come sempre di disperazione, la disperazione di essere una donna:

Essere nata donna è la mia terribile tragedia. Dal momento in cui sono stata concepita sono stata condannata a sviluppare le mammelle e le ovaie piuttosto che il pene e lo scroto, condannata a una sfera d'azione, di pensiero e di sentimento rigidamente circoscritta dalla mia ineluttabile femminilità. Sì, il mio struggente desiderio di mescolarmi con ragazzi di strada, soldati, marinai e frequentatori di bar – di far parte della scena, ascoltatrice e testimone anonima – tutto è guastato dal fatto di essere una ragazza, una femmina, sempre in pericolo di essere violentata o aggredita.

Il mio struggente interesse per gli uomini e la loro vita viene spesso scambiata per smania di seduzione o invito all'intimità. Sì, Dio mio, voglio parlare con tutti quelli che posso e il più a fondo possibile. Voglio poter dormire in aperta campagna, andare a ovest, passeggiare liberamente di notte.

E poi si spaventa, teme di essere incinta.

Ted senza lavoro, io senza lavoro, la valanga di conti che ci precipita nei debiti e, ancor peggio, nell'odio sempre più forte per l'intruso quando, diciamo tra quattro anni, potremmo essere i migliori genitori del mondo.

È soltanto un ritardo mestruale, può tirare un sospiro di sollievo, però il problema non è che rimandato: non di quattro, ma di tre anni. La primogenita, Frieda, nasce infatti nel 1960, seguita due anni dopo da Nicholas. Prima di concepirli, continuava a tormentarsi: «mi sembra troppo assurdo e spaventoso che il mio dolore e le mie gambe possano fare da ingresso a esseri umani in grado di camminare e parlare». Dichiara: «Odiavo gli uomini perché non dovevano soffrire come le donne. Potevano spassarsela mentre le donne avevano le doglie». È divorata dalla competizione con un marito a suo agio con se stesso e nel mondo, che tenta di aiutarla, forse al limite della prevaricazione. «Creare me stessa e non lasciare che sia lui a crearmi». «Pericolosa questa vicinanza con Ted tutto il giorno. Non ho una vita separata dalla sua, rischio di diventare un semplice accessorio. Fondamentale prendere lezioni di tedesco, uscire per conto mio, pensare, lavorare da sola. Condurre un'esistenza separata. Devo possedere una vita che mi sostenga da dentro». «Non potevo essere altro che una scrittrice e non riuscivo a esserlo». Confessa a Ted tutto questo? Lui che non sopporta «le lagne», capisce questa angoscia? Un giorno trovano un uccellino malato, tentano di curarlo, ma la bestiola sta sempre peggio. Ted alla fine lo sopprime deviando nella sua scatola il tubo del gas. Impressionante premonizione del suicidio di Sylvia, che l'11 febbraio del 1963 infilerà la testa nel forno. Avrà pensato all'uccellino? Avrà pensato che era Ted a ucciderla?

Povero Hughes, che destino pesante. Ha curato lui i *Diari* di Plath, scegliendo i brani e cassando. Nell'introduzione dichiara onestamente:

> I diari sono un assortimento di taccuini e fasci di fogli sciolti, di cui questa scelta contiene forse un terzo. Il complesso del materiale è attualmente conservato presso la Neilson Library dello Smith College. C'erano altri due taccuini, due registri foderati di carta marrone come il volume relativo al 1957-1959, con annotazioni dalla fine del 1959 a non oltre tre giorni prima della morte. Il secondo dei due conteneva gli appunti di molti mesi e io l'ho distrutto perché non volevo che i suoi figli lo leggessero (in quei giorni l'oblio mi sembrava essenziale per la sopravvivenza). L'altro è scomparso.

Purtroppo, anche difendendoli da quella madre non augurabile, non ha potuto evitare che Nicholas, diventato oceanografo e rifugiatosi in Alaska per barricarsi contro il passato, si uccidesse a sua volta nel 2009 a quarantasette anni, impiccandosi. Nemmeno il padre riuscì a invecchiare molto: era morto di cancro a sessantotto anni, dopo aver subito il suicidio di un'altra compagna (quella per cui aveva lasciato la Plath) la quale aveva portato con sé nella morte la figlioletta avuta da Ted. Evidentemente era attratto da donne psichicamente molto fragili e distruttive.

Di Frieda e di Nicholas, Sylvia Plath non parla quasi mai nei diari, almeno in ciò che ne resta; forse quei suoi commenti sono stati inghiottiti dal fuoco o da chissà quale altra distruzione Hughes ha riservato a pagine feroci, insopportabili per figli già provati dalla morte della madre e che giudicò andassero difesi pure in futuro dall'infelicità materna.

Coppie di scrittrici e scrittori se ne contano tante, con risultati in genere tempestosi; e se non sempre fallimentari, quasi. Le prime che mi vengono in mente: Gustave Flaubert e Louise Colet, Scott e Zelda Fitzgerald, Simone de Beauvoir e Jean-Paul Sartre, Lillian Hellman e Dashiell Hammett, Alberto Moravia ed Elsa Morante, Alberto Moravia e Dacia Maraini, Alberto Moravia e Carmen Llera, Sylvia Plath e Ted Hughes, Ingeborg Bachmann e Paul Celan, Ingeborg Bachmann e Max Frisch, Paul Auster e Siri Hustvedt, Martin Amis (figlio egli stesso di due scrittori) e Isabel Fonseca, Nicole Krauss e Jonathan Safran Foer (ora però hanno divorziato)... e di questo elenco, che potrebbe essere più lungo, solo uno degli elementi maschili (Moravia) ha dichiarato che riteneva sua moglie (Morante) scrittore migliore di lui, e chissà che non fosse condizionato dalla furia che Elsa metteva nel convincere tutti della propria grandezza, tipico atteggiamento revanchistico di chi si sente schiacciato e si ribella al suo destino minoritario. Elsa Morante ha sempre invidiato la fama internazionale e la popolarità del marito, che per altro non riteneva un narratore interessante. Dichiarò in un'intervista del lontano 1948 a «Stampa Sera»: «Quando ancora non lo conoscevo, m'interessava l'uomo che aveva pensato quei libri, ma il romanziere non mi piaceva gran che». È però un capovolgimento davvero poco comune. In «Invidia», antologizzato da Annalena Benini in *I racconti delle donne*, Kathryn Chetkovich scava nell'invidia femminile per compagni scrittori sentiti come più bravi e più fortunati. Si tratta di un testo autobiografico che narra le vicissitudini dell'autrice accanto a un romanziere di grande successo, Jonathan Franzen, autore del fortunatissimo *Le correzioni* (anche enormemente sopravalutato, se è lecito dirlo, come capita a tanti prodotti editoriali intorno a cui si costruisce un lancio mondiale eccezionale).

E con tutto ciò, ero stupita di rendermi conto che non avrei voluto essere stata io a scrivere il suo libro, così come non avrei voluto svegliarmi il giorno dopo trasformata in una sex symbol da copertina. Invidiavo quello che talento e successo gli avevano trasmesso, il senso di stare facendo la cosa giusta. Io volevo quello che vogliono sempre le donne: sentirmi legittimata.

Siamo ancora a questo punto, dunque, mi chiedo leggendo queste righe. Necessità di sentirsi legittimate? E ripenso al drammatico destino di Zelda Sayre, sposata Fitzgerald, che legittimata non fu mai. Schizofrenica, autrice di un unico romanzo, *Save me the Waltz*, disprezzato dalla critica e sotto sotto dallo stesso marito, una donna che, schiacciata da una madre che non l'amava, non ha fatto che rimettersi per tutta la vita nella stessa condizione succube e svalutata, fino alla tragica morte in un ospedale psichiatrico, andato a fuoco mentre lei si trovava chiusa in una stanza in attesa di fare l'elettroshock. Avrebbe compiuto quarantotto anni pochi mesi dopo. Scott era morto d'infarto otto anni prima. E che dire della stessa Plath, che ha dovuto attendere la fama postuma perché si capisse che fra i due, lei e Hughes, il gigante era lei?

Un'altra storia travolgente e drammatica fra scrittori fu quella che legò Ingeborg Bachmann e Paul Celan.

Il 27 giugno 1951 Ingeborg scrive a Paul:

Hai dimenticato, forse, che noi, a dispetto di tutto, siamo stati insieme molto felici, anche nei momenti peggiori, quando eravamo i nostri peggiori nemici? Perché non mi hai mai scritto? Perché non senti che ho voglia di venire da te, con il mio cuore matto, confuso, sconclusionato, che ogni tanto continua a lavorare contro di te? Lentamente comincio a capire perché con tanta tenacia mi sono difesa da te e forse non smetterò mai di farlo. Ti amo e non ti voglio amare, è troppo e troppo difficile; ma prima di tutto ti amo – te lo dico ora, anche se corro il rischio che tu non lo ascolti più o non lo voglia più ascoltare.

«Ti amo e non ti voglio amare», non proprio l'*odi et amo* catulliano, ma quasi. Impossibilità di un rapporto sereno, continuativo, che coinvolge esaltazione e malattia (la paranoia di lui, la depressione di lei). Una relazione che li ha accompagnati, fra vertiginose vicinanze e distanze, fino alla morte di Celan (nell'aprile del 1970, non ancora cinquantenne, si gettò nella Senna dal ponte Mirabeau, come aveva scritto otto anni prima in versi preveggenti) senza che trovassero mai i tempi giusti per stare davvero insieme, ma scrivendosi lettere e citandosi e colloquiando l'un con l'altro nelle loro poesie.

Paul è uno che da giovane si vantava: «Per me le donne sono come sigarette, le fumo e le butto via». Più avanti negli anni, resta un irresistibile seduttore che fa capitolare le donne andando a fischiettare Schubert sotto le loro finestre. È un seduttore, però, che s'innamora perdutamente. Conosce Ingeborg il 16 maggio del 1948 a Vienna. È un colpo di fulmine per entrambi, ma nessuno dei due intende legarsi. Stanno insieme un mese e mezzo e si separano. Lui lascia Vienna, lei non ha mai interrotto la sua relazione con Hans Wiegel, influente nel mondo letterario, dal quale si sente protetta e aiutata editorialmente. Però alla fine dell'anno ancora s'interroga sull'incontro incandescente con Celan: «Continuo a non capire che cosa ha significato la primavera scorsa». Chiama la loro storia «la nostra fiaba» ma non sa cosa farne. Lui scrive una delle sue poesie più belle, *Corona*: «... ci guardiamo, / ci diciamo l'oscuro, / ci amiamo l'un l'altra come papavero e memoria, / dormiamo come vino nelle conchiglie, / come il mare nel raggio sanguigno della luna. / Stiamo abbracciati alla finestra, ci guardano dalla strada: è tempo che si sappia! / È tempo che sia tempo. / È tempo». Ma quel tempo non verrà mai. Silenzi e reticenze. Passano due anni e mezzo prima che si rivedano a Parigi per convivere un mese in una camera d'albergo. Lui la vorrebbe sposare, lei si sente minacciata, le sembra che si tolgono «l'aria a vicenda», e non interrompe la relazione con Wiegel, almeno fino a quando lui si sposa con un'altra. Nel frattempo anche Celan conosce una donna, Gisèle, che diventerà sua moglie nel dicembre del 1952. E intanto Paul e Inge continuano a scriversi e a farsi del male.

Bachmann va avanti intrecciando vari amori, o almeno relazioni. Stringe un legame fortissimo, da fratello e sorella possessivi e gelosi, con il musicista omosessuale Hans Werner Henze, accetta la corte di altri uomini e li corteggia lei stessa. Celan, a Parigi, a poca distanza dalla casa coniugale, stabilisce un rapporto fisso con una donna che sarà la sua amante per nove anni, più le altre. Così passano ancora cinque anni e finalmente si incontrano di nuovo in occasione di un convegno di critica letteraria nell'ottobre del 1957 a Wuppertal. Ora lui è pronto a cedere su tutta la linea, ma Inge non si fida. Sente che a dividerli ci sono «ragioni demoniache» legate ai loro temperamenti scorticati. Sta scrivendo *Il buon Dio di Manhattan* sul modo maschile e femminile di darsi alla passione, un radiodramma in cui la protagonista morirà in un incendio, morte per fuoco destinata un giorno alla stessa autrice. Ma Paul è determinato. Le scrive: «Ho detto tutto a

Gisèle, tutto. Lei piange, non si capacita. Le ho detto che anche tu hai dovuto piangere, in tutti questi anni, a causa mia». Allora le cose si complicano ulteriormente. Ingeborg non tollera di fare del male a Gisèle e al figlio che ha avuto con Paul: «Tu non puoi abbandonare lei e il vostro bambino». Così le due donne solidarizzano. Dice al marito Gisèle: «Anche lei è sposata con te». Nel suo diario scrive (come parlasse a Paul):

Ieri ho letto fino a notte fonda le poesie di Ingeborg. Mi hanno scosso. Ho pianto. Che destino terribile. Ti ha così amato, ha sofferto così tanto. Come hai potuto essere tanto crudele con lei. Ora le sono vicina, accetto che tu la riveda, rimango calma. Glielo devi, povera ragazza, il suo silenzio lungo sei anni è degno e coraggioso.

Allora l'accordo fra Ingeborg Bachmann e Paul Celan sarà di continuare a vedersi, ma non a Parigi, bensì in Germania, in territorio neutro, senza modificare radicalmente le loro vite. Ma non funziona, e il 2 luglio del 1958 mettono fine al rapporto. Il giorno dopo lei decide di accettare accanto a sé un nuovo amore: si tratta dello scrittore svizzero Max Frisch. Gli scambi epistolari con Celan non s'interrompono. Lei gli scrive: «Penso disperatamente a te e torno a pensare a te» (16 luglio), e lui: «Che sarà di noi, non lo so, quante cose spaventose accadono» (21 luglio). Solo in ottobre Ingeborg si decide a rivelargli la verità:

Ricordi quel pomeriggio quando lasciammo rue de Longchamp per andare a bere un Pernod e tu, scherzando, mi chiedesti se ero innamorata? Allora non era vero, ma dopo è successo in un modo così strano, ma non lo chiamerei soltanto così. [...] In questi ultimi giorni qui, i primi a Monaco, è venuto Max Frisch e mi ha chiesto se ero disposta a vivere con lui e adesso è deciso. Resto ancora tre mesi a Monaco, poi mi trasferisco a Zurigo. Paul, se tu fossi qui! Se potessi parlare con te! Sono molto felice, sono circondata di bontà, di amore e di comprensione e solo talvolta sono triste pensando a me stessa, e la paura e il dubbio che riguardano me, non lui, non mi abbandonano del tutto.

Celan reagisce bene, addirittura «con gioia». E Frisch tollera il posto importante che il poeta occupa nella vita dell'amata e anzi chiede di conoscerlo. Ma Paul resta sulle sue, sospettoso, scostante, altalenante. È già in preda a una paranoia che lo porterà nel decennio successivo a frequenti ricoveri in ospedali psichiatrici, a separarsi dalla moglie («Non potevo aiutarlo, soltanto struggermi con lui» è la versione di Gisèle in una lettera del 1970 alla Bachmann) e infine al suicidio. Intanto la coppia Ingeborg-Max non se la passa troppo bene. La convivenza a Zurigo non dura più di un mese, poi – per evitare il disastro – prendono due appartamenti separati e vanno avanti altri sei mesi. Quindi Max si ammala di epatite virale e non vuole assolutamente che lei lo curi, anzi le chiede senza mezzi termini di andarsene dalla città. Ingeborg fa la valigia e si trasferisce a Roma, dove le arriverà da un Frisch ristabilito una proposta di matrimonio basata su questa motivazione: «Siamo una coppia, una specie di coppia, non si può nasconderlo». Lei rifiuta le nozze proponendo un compromesso: torneranno insieme garantendosi libertà reciproca. Così lui vive un po' con lei in via Giulia al 102, un po' in uno studio scalcinato al 53 di via Margutta, dove ama dipingere e finisce per passare la maggior parte del tempo, sempre avvolto nel fumo della sua pipa. La libertà è garantita, ma anche una sfrenata reciproca gelosia: lui legge di nascosto le lettere di Inge, lei fruga nel diario di Frisch (che aveva iniziato una relazione con la studentessa tedesca Marianne Oellers, sua futura moglie, da cui divorzierà dopo una decina d'anni). Furiosa Inge glielo brucia. E chiude anche questo rapporto. Che avrà un seguito letterario: perché Frisch lo racconterà in *Il mio nome sia Gantenbein*, lei – per vendicarsi – in *Malina*, confermando ciò che pensava dell'autobiografia nella scrittura: «La letteratura è un affare sporco, proprio come il commercio di armi». Frisch l'aveva conquistata apprezzando *Il buon Dio di Manhattan*. «Abbiamo bisogno» le aveva detto «della rappresentazione dell'uomo da parte della donna, dell'autorappresentazione della donna».

In quel dramma Ingeborg ha scritto:

> Credo che l'amore stia dal lato oscuro del mondo, più pernicioso di qualunque misfatto, di tutte le eresie. Credo che dove sorge l'amore si formi un vortice come prima del primo giorno della creazione. Credo che l'amore sia innocente e che porti alla rovina.

La sua vita ne è stata testimonianza.

I loro erano baci «che le rendevano la vita facendole dimenticare la vita». A scriverlo è Marguerite Duras in *Yann Andréa Steiner*, romanzo dedicato al giovane scrittore Yann Andréa, con cui Duras ha vissuto negli ultimi sedici anni della sua vita, tra allontanamenti e ritorni continui. Correvano quasi quarant'anni fra loro. E, anche se si prestava, soprattutto all'inizio, a sporadici rapporti erotici, Yann era omosessuale. Non ho idea del perché alcune donne scelgano compagni omosessuali, condannandosi a una frustrazione costante sul piano del desiderio. Forse per evitare quel che sentono come sopraffazione del maschio tradizionale nella coniugalità? Ma non ci si sottopone, in questo modo, a un altro tipo di sopraffazione o, peggio, di sottrazione? Forse non c'è uno stesso motivo per tutte, e non è importante cercare di capirlo adesso. Yann e Marguerite hanno avuto un rapporto infernale, fra l'omosessualità di lui, il dispotismo di lei, l'alcolismo di entrambi, eppure si sono amati e ispirati vicendevolmente. Lui le ha dedicato un magnifico ritratto nel suo *M.D.*, e la cosa che più sorprende è che sembra scritto dalla stessa Duras, tanto Andréa ne ha interiorizzato la voce, il respiro narrativo. E anche un altro suo libro successivo, *Questo amore*, è pieno ancora una volta di lei. Duras, per parte sua, ha nutrito di Yann molto del suo lavoro letterario fino alla morte, e ne ha fatto il protagonista di due film, *Agatha* e *L'uomo atlantico*. In *L'été 80* aveva descritto così l'inizio del loro amore:

> Sì, credo che noi ci siamo visti, quando ho aperto la porta ti ho riconosciuto, questo, credo, è accaduto. Te ne sei andato dopo diversi giorni, allora, allo stesso modo, durante altri diversi giorni, la città si è fatta più buia e la camera si è fatta deserta, piena dell'agitazione della tua assenza, come sfinita dal colpo portato alla sua solitudine di sempre.

In *Yann Andréa Steiner* è conclusiva:

> Sì. Un giorno succederà, un giorno ti verrà l'abominevole rimpianto di ciò che definisci "invivibile", vale a dire di ciò che io e te abbiamo tentato in quell'estate di pioggia e di vento dell'ottanta.

In un testo davvero finale che chiamano fra loro *Il libro a scomparsa*, perché era un quaderno privato in cui lui raccoglieva brevi frasi di una Duras morente, si leggeva: «È curioso come ti ami anche quando non ti amo» (lo racconta Yann in *Questo amore*).

E poi c'è lo sguardo degli altri: quelli che osservano le coppie dal di fuori, pronti a disapprovare, accusare, accanendosi soprattutto sulla parte più debole. Una volta – Jane

Austen insegna – una donna doveva solo “sistemarsi” bene, fare un buon matrimonio. Era questo il suo scopo nella vita, e la società non ci vedeva niente di male. I casi di nozze che rappresentassero non solo un buon affare, ma anche il coronamento di un sogno romantico (come nel caso delle sorelle Bennett, Jane ed Elizabeth, in *Orgoglio e pregiudizio*), erano una felice anomalia. In tempi moderni ambire a quella stessa “buona sistemazione” è ricaduto sulle teste femminili quasi come un reato.

Nell'introduzione a una ristampa del 1976 del suo primo romanzo, *La vacanza*, apparso nel 1962, Dacia Maraini – rispondendo a un'intervista della giornalista Lietta Tornabuoni – racconta i suoi dolorosi esordi, che la videro al centro di attacchi e veri e propri insulti per la relazione che la legava ad Alberto Moravia. Ai tempi Moravia veniva sentito come l'incarnazione stessa del potere editoriale, sia per la sua notorietà internazionale sia perché direttore della rivista culturale più influente, «Nuovi Argomenti». Eppure era già capitato diversi anni prima che avesse tentato di far pubblicare *Il gioco segreto* di Elsa Morante, sua futura moglie, da Valentino Bompiani, peraltro suo editore, senza riuscirvi: prova che persino la sua raccomandazione non sortisse automaticamente un risultato positivo.

Racconta Dacia alla Tornabuoni:

> Moravia mi ha aiutato, ma la sua vicinanza mi ha nociuto prolungando la mia inesistenza, irrilevanza, dipendenza: per tutti io ero soltanto un suo capriccio, una bella ragazza spinta avanti da lui. Il discredito (si sa che a una certa società un uomo innamorato sembra ridicolo) ricadeva anche su di lui, ma non toglieva nulla alla sua rispettabilità di scrittore: mentre per me era la distruzione.
>
> [...] Il linciaggio vero venne al secondo libro, *L'età del malessere*, che vinse il premio internazionale Formentor per un'opera inedita.

Moravia era a Formentor, faceva parte della giuria di un altro premio, ma tutti pensarono che fosse stato lui a fare pressioni e pasticci perché io venissi premiata. A tutti pareva una cosa pazzesca che una ragazza giovane e carina avesse vinto un premio internazionale. [...]

I pettegolezzi, le invidie [...], il moralismo cattolico [...], i rancori, persino la sessuofobia si condensarono ed esplosero alla libreria Einaudi di Roma, dove il libro veniva presentato... attacchi, ironie, strepiti, domande canagliesche, risate. Più tardi tutti mi hanno chiesto scusa [...]. Oggi non ho paura di niente, so come difendermi. Allora... ebbi l'impressione orribile di un linciaggio, ero troppo timida per replicare, ho preso e me ne sono andata.

Maraini dunque si alza e se ne va. Impiega molti anni e molti successi per farsi prendere sul serio, e s'impegna nel femminismo, girando per sempre le spalle alla mondanità letteraria, cui del resto non somigliava nemmeno un po'.

La vacanza narra in prima persona, attraverso il personaggio della quattordicenne Anna, durante un'estate al mare in cui nessun adulto s'incarica di proporsi come protezione e guida, l'iniziazione sessuale di una ragazzina, una Lolita priva completamente di malizia, ignara dei propri desideri, che cede alle voglie di un trentenne incapace di amarla e di ascoltarla, come un animaletto al guinzaglio trotterella dietro al padrone. Nel romanzo successivo, *L'età del malessere*, la protagonista diciassettenne, Enrica, ha la lucida consapevolezza: «mi accorgevo di soffrire soltanto di non soffrire». Lessi quel libro in una ristampa del 1996, più di trent'anni dopo la sua prima uscita, e in un mio diario di allora ho scritto che lo trovavo «bello per la dura rappresentazione di sentimenti umili e umiliati». Mi piaceva anche la scrittura, paratattica e reticente, adatta al carattere del personaggio, quella giovane Enrica che non sa cosa fare di se stessa.

Alberto Moravia ha abbandonato l'appartamento che divideva a Roma con Elsa Morante nell'inverno del 1962 per mettere su casa con Dacia Maraini, dopo le mille tempeste che avevano caratterizzato il suo matrimonio (che Elsa non gli permetterà mai di troncare con un divorzio). Per lui la moglie era stata «la sua croce, il suo angelo sterminatore, la sua oscura coscienza critica» (sono parole della sorella, Adriana Pincherle, riportate in *MoranteMoravia. Una storia d'amore* di Anna Folli). E per lei, lui cos'era? Forse ha ragione Cesare Garboli quando dice, nel *Gioco segreto*: «...come tutte le nature puerili e infantili che si attaccano alle persone come se le persone fossero luoghi, Elsa aveva sempre confuso la solitudine con l'indipendenza, e quando si trovò a vivere sola, dovette chinarsi a raccogliere da terra tutto il suo orgoglio per affrontare una mutilazione che non capiva». È una delle grandi difficoltà delle donne, di tantissime donne, imparare a vivere sole, senza la presenza di un compagno accanto, persino quando la si percepisce irritante.

Qualche volta si leva un grido di ribellione da parte delle donne contro gli uomini. 12 dicembre del 1958, Sylvia Plath si lamenta arrabbiatissima nei *Diari*:

Gli uomini, che brutti schifosi!

È uno dei suoi giorni d'umor nero, in cui rimesta il risentimento verso la madre, rimpiange il padre e butta dentro un unico calderone tutti gli altri maschi della sua vita («Odiavo gli uomini perché non stavano lì ad amarmi come padri»). Il secolare bisogno di sentirsi protette.

E come dimenticare la Bachmann quando, nel racconto finale del *Trentesimo anno*, fa gridare a Ondina: «Voi uomini! Voi mostri!».

Voi, mostri dalle mani forti e irrequiete, dalle unghie pallide e corte, dalle unghie sbrecciate e orlate di nero, i candidi polsini intorno ai polsi, i maglioni sfrangiati, i monotoni abiti grigi, le ruvide giacche di pelle e le ariose camicie estive! [...] Voi, che delle donne fate le vostre amanti e le vostre mogli, le trasformate in donne per un giorno, in donne per un weekend, in donne per tutta la vita, e lasciate che esse facciano di voi i loro uomini [...] Voi, con la vostra gelosia nei confronti delle vostre donne, con la vostra arrogante indulgenza e la vostra tirannia [...] Voi ingannatori e voi ingannati. Non provateci con me. Con me no!

Persino quando non si tratta di matrimonio, ma di semplice amicizia, come quella che legò Edith Wharton a Henry James per tutta la vita, con beneficio di entrambi, il confronto produce nell'elemento femminile della coppia un senso di inadeguatezza, visto che lei pensava di se stessa, paragonandosi a lui: «Se solo il mio lavoro fosse migliore, non avrei bisogno di altro. Ma questa specie di mezzo talento che ho non è un gran rifugio». Trovo la frase nel già citato racconto di Kathryn Chetkovich, «Invidia». Il confronto ravvicinato con il talento maschile sembra schiacciare inesorabilmente la donna scrittrice. Afferma Chetkovich:

La maggior parte delle donne che conosco sono riluttanti a dire: «Io sono meglio di questa, di quella e di quell'altra – e dunque sì, continuerò sulla mia strada», mentre gli uomini che conosco, se necessario, ricorrono quasi sempre proprio a questa formula. Inoltre le donne non hanno solo altre donne con cui competere (in modi subdoli ed estenuanti, che richiedono di volta in volta diplomazia e ipocrisia) ma anche uomini da invidiare; perché succede ancora che le scrittrici vengano paragonate tra di loro, ma che il grande romanzo letterario (diversamente, per esempio, dalla prosa lirica) continui a essere una categoria essenzialmente maschile. I libri delle donne non sono ancora discussi allo stesso modo di quelli degli uomini, e le donne ancora se la prendono.

Potrebbero non prendersela? mi chiedo. Non posso dimenticare il sentimento di incredulità che provai di fronte ai testi saggistici – non solo letterari – di Milan Kundera, quando dovetti arrendermi all'evidenza: lui dalle scrittrici, dalle musiciste, dalle artiste in generale, non è stato mai neppure lontanamente sfiorato, visto che è riuscito a comporre ben quattro raccolte senza mai citare o rendere merito a un solo autore di sesso femminile. Da *L'arte del romanzo* (di oltre 200 pagine) a *I testamenti traditi* (279) a *Il sipario* (183) a *Un incontro* (186), nomi femminili ricorrono di sfuggita (George Sand, solo per dimostrare che ha detto sciocchezze parlando di personaggi al suo amico Flaubert; la poetessa ceca Věra Linhartová, perché interessata al tema dell'esilio. Ed è tutto). Peggio non poté fare che Nabokov nei suoi due volumi di *Lezioni di letteratura*, russa e non russa. Dedica soltanto una delle sue lezioni a una donna scrittrice, Jane Austen, e solamente dopo le insistenze del suo amico critico Edmund Wilson, che in una lettera gli aveva scritto: «Jane Austen val la pena di leggerla tutta; sono notevoli persino i suoi frammenti». Al che il grande Vladimir di rimando: «Grazie per il suggerimento per il mio corso di narrativa. Non mi piace Jane e, in realtà, sono prevenuto contro tutte le scrittrici. Appartengono a un'altra categoria». Ma poi cede su *Mansfield Park*, che giudica «l'opera di una signora e il gioco di una bambina. Ma da quel cestino da lavoro esce una squisita arte del ricamo e in quella bambina c'è una vena di genio meraviglioso».

D'altra parte il tempo è passato invano, visto che nell'opera mastodontica del mio amico scrittore Giuseppe Montesano, *Lettori selvaggi*, le presenze femminili non superano la ventina. Eppure il libro – di quasi duemila pagine – attraversa, dalla preistoria a oggi, la storia della letteratura, della cultura, dell'arte, del cinema, della musica, della scienza... per rendere un personale intelligente, folle omaggio alle figure che hanno significato qualcosa o molto nella sua vita di intellettuale e per convincere gli altri a conoscerle. Inutilmente vi cerchereste Woolf o Duras, Bachmann o Yourcenar, Colette o Deledda, tanto per citarne alcune che ricorrono in queste mie pagine. Ho percorso e ripercorso l'elenco dei nomi, temendo di essere io preda di un abbaglio, ma niente. Anzi, andando a consultare il libro più a fondo, ho notato anche, per tante delle miracolosamente "elette", spazi risicati che non competono con i nomi maschili quasi mai, nomi – devo dire – non sempre oggettivamente imprescindibili. È stata una sonora lezione, ulteriore, di quanto poco ha contato, nel corso della storia, la voce femminile. E, purtroppo, di quanto ancora oggi faccia fatica a entrare nel canone.

Eppure gli scrittori s'influenzano l'un l'altro senza barriere di sesso, credo. Anche quando non intendono riconoscerlo. Rileggendo *Una stanza tutta per sé*, per esempio, mi diverto adesso a scoprirvi una modalità di scrittura, un vezzo, un ritornello, che mi ha fatto innamorare immediatamente di Thomas Bernhard quando nel 1985 lessi *Il soccombente*, con quel «pensai entrando nella locanda», ovvero il verbo "pensare" (o simile) declinato alla prima persona singolare che, seguito da un qualche gerundio e ripetuto più volte nel testo, mi è sempre risuonato come una sua inconfondibile cifra.

Questa stessa movenza stilistica (e con tanto di locanda) la vedo già utilizzata nel famosissimo saggio dalla Woolf, che alla fine di ogni capitolo – e non solo – la replica con lievi variazioni (esattamente come farà Bernhard cinquantacinque anni dopo). Capitolo uno: «E così me ne tornai verso la locanda, e passeggiando per buie strade meditavo su questo e su quello». Capitolo due: «pensai entrando nella locanda». Capitolo tre: «pensai, volgendomi di nuovo verso lo scaffale». Capitolo quattro: «Eppure, mi chiesi ancora, avvicinandomi di nuovo allo scaffale». Capitolo cinque: «mi dissi, riponendo *L'avventura della vita* di Mary Carmichael». Capitolo sei: no, qui la chiusa è una perorazione e dunque Virginia sposta il suo stilema qualche pagina prima della conclusione: «dissi attraversando la stanza fino alla scrivania». E adesso il libro è finito, non ci sono altri capitoli da controllare.

Fate dell'informazione quel che volete, ma nessuno mi impedirà di pensare che se Virginia Woolf avesse scritto mezzo secolo *dopo* Thomas Bernhard, staremmo lì a notare estasiati quanto fosse stata influenzata dallo scrittore austriaco o a dirci che forse intendeva citarlo indirettamente. Ma che invece Bernhard potesse aver letto *Una stanza tutta per sé* e, colpito da quel giro di frase, se ne fosse appropriato fino a farsene rappresentare stilisticamente, questo perché dovrebbe essere escluso? Forse, dopotutto, Duras si sbaglia quando dice di non aver mai trovato un uomo che avesse letto quel saggetto fondamentale. E invece un uomo che lo ha letto, magari, lo abbiamo trovato, nella persona del sofisticatissimo Thomas Bernhard!

Lei (per lui)

Da piccola e poi da giovane, leggendo, mi veniva naturale identificarmi con gli eroi più che con le eroine delle storie; che so: con Peter Pan e non con Wendy, con Edmond Dantès piuttosto che con Mercedes, con Jean Valjean e non con Cosette. Lo trovavo naturale, e però avvertivo un certo disagio: come mai le personalità femminili erano sempre tanto gregarie, umili, mai davvero trionfanti se non – a volte – nella cattiveria (penso alla Milady dei *Tre moschettieri*...)? Certo le protagoniste delle fiabe avevano alla fine un gran riscatto, ma sempre ottenuto con l'intervento di una fata e di un valoroso cavaliere principesco. Mai che riuscissero a sgominare da sole le insidie del mondo. Certo alla Nataša di *Guerra e pace* nessun lettore, maschio o femmina che sia, può resistere. Eppure cosa fa lei, con la meravigliosa grazia infantile del suo carattere, a parte sognare l'amore, ottenerlo, sbagliarsi, farsi travolgere dalla tempesta della vita e finalmente scoprire l'uomo giusto? Solo la *Ada* di Nabokov mi dava un grande senso di me (non vorrei, però, che fosse perché il libro me lo aveva regalato un mio primo fidanzato sostenendo che Ada mi somigliava...).

I capelli neri le precipitavano su una clavicola, come una cascata, e il gesto che faceva per ributtarli indietro, e la fossetta sulla sua guancia pallida, rivelavano in lei l'immediato riconoscimento del loro pregio. Il suo pallore riluceva, la sua oscurità fiammeggiava.

Ripensandoci adesso, la grande impresa di Ada consisteva nel solito gioco sentimentale di suscitare un amore eterno. Ma almeno era coautrice, con l'adorato Van, del loro comune romanzo (d'amore), vissuto e scritto, fino a confondersi l'una nell'altro e con l'altro: «Ada. Van. Ada. Vaniada».

Come lettrici ci siamo da sempre dovute misurare, forse persino formare, con e su modelli femminili immaginati, sognati, temuti, fantasticati, osservati e interpretati dagli uomini, dai creatori di antichi grandi miti fino ai più realistici scrittori ottocenteschi e contemporanei. Non credo ci siamo riconosciute molto spesso in quei riflessi di noi stesse nell'altro. E però mi viene ora in mente che in quel lungo catalogo di personaggi femminili che si trova in *La famiglia Karnowski* di Israel Singer c'è la figura indimenticabile di Elsa Landau, così diversa dalle varie *yiddish mame* presenti nel libro. Elsa rinuncia al grande amore della sua vita per non perdere la libertà. Ecco come Singer tratteggia la scena del gran rifiuto quando Georg Karnowski le chiede di sposarlo:

> Benché non apprezzi in particolar modo gli attivisti in gonnella e ritenga che si sia montata la testa con quella stupida politica fatta per zitelle vecchie e brutte; benché sia convinto che per una donna l'unica felicità sia essere moglie e madre, cederà alle sue pretese e non porrà ostacoli al suo lavoro. È sicuro che un giorno tornerà da sola alla ragione. Le dà la sua parola che sarà libera di fare quello che vuole, purché stia con lui.
>
> Elsa non intendeva cedere. Conosce gli uomini, la loro volontà di dominare e di mostrare il loro potere assoluto sulle donne. E soprattutto conosce Georg. Ha bisogno di una donna schiava, moglie e madre dei suoi figli.

Così la snella, giovane, bella Landau «dai capelli di rame che fiammeggiavano sotto la luce» va per la sua strada, diventa un politico di spicco della sinistra, unica donna in mezzo a uomini che la acclamano. Poi il nazismo, poi la fuga negli Stati Uniti dove riprende la lotta. Ma Singer non può lasciarla trionfare indisturbata e la riconduce all'ordine dei ruoli sociali tradizionali:

Gli uomini l'ammirano. La stampa riporta ogni sua parola. Anche gli avversari devono fare i conti con la sua forza. Quante donne invidiano la sua vita interessante e le dicono che ha di che essere fiera di sé, e felice. Eppure non lo è. Durante il giorno si stordisce con il lavoro. Ma appena si ritrova sola, la notte soprattutto, la tristezza s'impadronisce di lei e i dubbi femminili prendono il sopravvento. Immagina il calore di una famiglia, la tranquillità, l'amore. Non riesce a dimenticare Georg. È sposato, ha un figlio, un focolare. Non lo vede da anni, ma sa che è diventato un medico famoso. Come sarebbe felice vicino a lui, se fosse sua moglie, obbediente e persino sottomessa, pur di non essere così disperatamente sola.

Beh, meno male che un romanzo si legge soprattutto (almeno così la vedo io) per un raggio di sole che attraversa il tappeto, per l'ombra opaca che un quadro, staccato dal muro, lascia sulla parete, per la sfumatura di un rossetto sulle labbra, per la capriola di un gatto che se ne frega altamente delle vicissitudini di un intrigo. Di *Lolita* (ancora Nabokov), per esempio, ho sempre amato la luce, che invade e sostiene ogni pagina, più che la giovane protagonista, la *femme fatale* "da piccola", la *ninfetta* dietro a cui Humbert Humbert si perde:

La mia vita fu maneggiata dalla piccola Lo in modo energico e sbrigativo, come se fosse un aggeggio privo di sensibilità del tutto separato da me; ma pur avendo una gran voglia di impressionarmi con quel mondo di «ragazzi tosti», non era preparata a certe discrepanze fra la vita di una ragazzina e la mia. Soltanto l'orgoglio la trattenne dall'arrendersi; perché, in quella ben strana situazione, io ostentai un supremo candore e la lasciai fare – almeno finché riuscii a sopportarlo. Ma tutto questo non ha importanza; il tema del cosiddetto «sesso» non mi interessa affatto. Chiunque può immaginare quegli elementi di pura animalità. Ciò che mi alletta è un'ambizione superiore: fissare una volta per tutte il periglioso sortilegio delle ninfette.

Il «periglioso sortilegio», per uomini meno perversi di Humbert Humbert, non è limitato alle ninfette: è più in generale la minaccia e l'abisso della seduzione femminile intesa come sconvolgimento dell'ordinato mondo maschile. «Il sesso non m'interessa», dice Nabokov attraverso il suo personaggio: ben poca cosa è, infatti, il sesso, che si consuma rapidamente e senza conseguenze. Travolgente, distruttiva, inarginabile, fuori controllo la passione suscitata fin dall'antichità da Circe e dalle tante altre sue incarnazioni, le Grandi Seduttrici principio di disordine, potenza della natura contro la limpida superiorità della ragione, trionfo dell'animalità sui buoni sentimenti.

Prendiamo Lulu, incarnazione per eccellenza del potere distruttore di Eros, simbolo di sconvolgimento dell'etica e della morale borghesi. Frank Wedekind le ha dedicato due drammi, *Lo spirito della terra* (1896) e *Il vaso di Pandora* (1904), dando vita a una moderna *belle dame sans merci*. Non a caso, in una prima versione di *Pandora* Wedekind aveva aggiunto il sottotitolo: *La tragedia di un mostro*. E nel prologo dell'opera musicale *Lulu*, che ne trasse Alban Berg nel 1935, il domatore di circo, introducendo il personaggio nell'arena, canta:

> Avanti, avanti, entrate nel serraglio,
> signori alteri e gioconde signore,
> a vedere con freddo orrore e ardente
> voluttà la creatura senz'anima,
> qui domata dal genio dell'uomo.

[...]
È stata creata a provocar malanni,
per allettare, sedurre, avvelenare –
e assassinare – senza farsi accorgere.

(*carezzando il mento di Lulu*)

Dolce bestiola, non essere leziosa!
Non hai il diritto di rovinarci con soffi
e miagolii l'*immagine originaria* della *donna*!

Il dramma si snoda con le prodezze di una femmina senza cuore: per lei gli uomini «perdono se stessi», tradiscono, rompono matrimoni, dilapidano patrimoni, si uccidono l'un l'altro. Lulu è la Grande Mentitrice dai mille volti e dai tanti nomi diversi trovati per lei dagli amanti, è la creatura inafferrabile, incostante, che alla domanda «Sei capace di dire la verità?» risponde come una stupida:

Non lo so.
Credi in un Creatore?
Non lo so.
Sei capace di giurare su qualcosa?
Non lo so.
Ma in che cosa credi tu?
Non lo so. – Mi lasci! Lei è pazzo.
Ma non hai un'anima?
Non lo so.
Hai già amato una volta?
Non lo so.
Non lo sa.
Non lo so.

Al dr. Schön, che l'ha tolta dalla strada dove «vendeva fiori davanti al caffè Alhambra, ogni sera tra mezzanotte e le due», e che grida disperato:

Tu creatura che mi trascini al martirio attraverso il fango della strada! Angelo sterminatore! Tu sciagura ineluttabile! Tu gioia della mia vecchiaia! Tu cappio del boia!...

lei risponde fiera e perduta:

Se le persone si sono uccise per amor mio, questo non diminuisce il mio valore. – Tu sapevi benissimo perché mi hai presa in moglie, come io sapevo perché ti ho preso per marito. Avevi ingannato con me i tuoi migliori amici, non potevi arrivare a ingannare anche te stesso con me. Se tu mi sacrifichi gli ultimi anni della tua vita, hai avuto in compenso tutta la mia giovinezza. – Non ho mai voluto apparire diversa da quella che si pensava ch'io fossi. E non mi si è mai ritenuta diversa da *quella che in realtà sono*.

Karl Krauss la definisce «una sonnambula dell'amore», sintetica immagine chiarificatrice. In quanto forza della natura, infatti, Lulu è ignara di se stessa, non cerca il proprio piacere ma la pura sopravvivenza, è irresponsabile e innocente, sovvertitrice di ogni regola e inevitabilmente distruttrice e autodistruttiva. La sua storia ben rappresenta, sempre secondo l'illuminato Krauss, «la tragedia della grazia femminile braccata, eternamente incompresa, cui un mondo miserabile concede solo di entrare nel letto di Procuste delle sue idee morali».

Ma torniamo a Humbert Humbert. Dopo aver chiesto l'indulgenza delle «dame della giuria» che nella finzione romanzesca dovranno giudicarlo per i suoi misfatti, Humbert così racconta:

Frigide gentildonne della giuria! Io pensavo che mi ci sarebbero voluti mesi, forse anni, per trovare il coraggio di rivelarmi a Dolores Haze; ma alle sei lei era completamente sveglia e alle sei e un quarto eravamo, tecnicamente, amanti. Sto per dirvi una cosa molto strana: fu lei a sedurre me.

[...] Mi rotolò accanto, e i suoi tiepidi capelli castani mi si posarono sulla clavicola. Feci la mediocre imitazione di un uomo che si sveglia, e poi restammo un po' in silenzio. Le carezzai piano i capelli e poi ci baciammo con dolcezza. Il suo bacio, con mio rapito imbarazzo, aveva una certa comica ricercatezza in fatto di guizzi e sondaggi, da cui arguii che dovesse essere stata precocemente istruita da una piccola lesbica. Quello non glielo aveva certo insegnato nessun Charlie. Come se volesse appurare se fossi sazio e se avessi imparato la lezione, Lo si ritrasse e mi scrutò. Aveva gli zigomi accesi, il tumido labbro inferiore luccicante; la mia dissoluzione era vicina. Tutto d'un tratto, con un empito di gioia maliziosa (il marchio della ninfetta!) mi accostò la bocca all'orecchio... ma per qualche tempo la mia mente non riuscì a dividere in parole il tuono ardente del suo sussurro, e lei rise, e si scostò i capelli dal viso, e provò di nuovo, e a poco a poco, mentre capivo quello che proponeva, mi pervase la strana sensazione di vivere in un mondo nuovo di zecca, un mondo folle e onirico dove tutto era permesso.

La *ninfetta*, come la definisce Nabokov, *femme fatale* in formazione, si struttura sul modello di una potentissima fantasia maschile: è tutta concepita per proiezione, dal di fuori. Il delirio sessuale del protagonista delinea perfettamente il meccanismo del *suo* desiderio con l'inevitabile riduzione a oggetto della donna, adorata quanto disprezzata.

Quello che mi fa impazzire è la natura doppia di questa ninfetta – di ogni ninfetta, forse; questo miscuglio, nella mia Lolita, di un'infantilità tenera e sognante e di una sorta di raccapricciante volgarità, che discende dalle stucchevoli fotomodelle della pubblicità e delle riviste, coi loro nasetti sbarazzini; dal colorito roseo e vago delle servette adolescenti della vecchia Europa (odorose di margherite schiacciate e sudore); e dalle giovanissime sgualdrine travestite da bambine nei bordelli di provincia; e ancora, tutto questo si confonde con la squisita, immacolata tenerezza che filtra attraverso il muschio e la mota, la sozzura e la morte, oh Dio, oh Dio!

Un aspetto interessante è che anche alla ninfetta nabokoviana, che ritroviamo alla fine del romanzo incinta di un giovane Dick, non sia dato un destino di normalità: Lolita, infatti, ormai più grande di tre anni ma sempre giovanissima, muore di parto, essendo il corpo deformato di una madre negato al mito che incarna. La maternità è cosa da famiglia e pareti domestiche, sesso quieto dentro un letto regolamentare, passioni spente o mai esistite all'interno di coppie protettive e minimamente conturbanti.

E adesso pensate alla frustrazione provata da una lettrice nata negli anni Cinquanta (io fra tante altre), che leggeva classici che non hanno mai parlato di lei secondo l'idea che lei si era fatta, sia pur confusamente, di se stessa. Insomma: che scelta aveva una ragazza? O la fatale Elena o la povera Didone. Era senz'altro preferibile un destino da *femme fatale*. Perché se dovevo pensare a un'altra alternativa alle varie Circe, Lulu, Lolita, non mi restava che Ofelia. La fanciulla di buona famiglia e sani principi che crede nell'amore e nelle promesse di Amleto e che resterà schiacciata dalla propria ingenua fiducia.

Non l'ha detto lo stesso Amleto, sconvolto dal comportamento della regina di Danimarca, sua madre?

Fragilità il tuo nome è donna.

Fragili, manipolabili, dipendenti dal bisogno di essere amate e protette: così sono le femmine (quando non sono

Lulu), così è la madre di Amleto, Gertrude, che a un mese dalla morte del re, suo marito...

...nuove ancora le scarpe con cui aveva
seguito in pianti come Niobe il corpo
di mio padre – lei, proprio lei –
una bestia, mio dio, sarebbe stata
più fedele e sensibile – si sposa
con mio zio col fratello di mio padre...

Che la colpa di una madre ricada sulle donne tutte, sembra pensare Amleto, davvero uscito di senno o che solo finge la pazzia. E perciò, se prima era un dolce innamorato che scriveva versi a Ofelia:

Tutto è sogno ciò che siamo,
forse il sole non è sole,
forse il vero non è vero,
quel che è vero è che ti amo...

... ora è un orco che le grida nelle orecchie:

Chiuditi in convento, vai, corri. Ti saluto. O se proprio ci tieni, sposati un imbecille; perché un uomo intelligente capirebbe subito che lo faresti cornuto. Va' in convento, e vacci subito. Addio.

Del resto Ofelia era stata messa in guardia dagli uomini di casa. Dal padre, Polonio:

Te lo dico io: sei una bambina,
e queste "cose" come le chiami tu,
queste frasi d'amore, frasi d'oro,
quest'oro è falso, Ofelia. Alza il tuo prezzo.
[...]
non ti fidare delle promesse.

E dal fratello, Laerte:

... Abbi paura,
Ofelia, abbi paura, stai lontana,
tieniti in retroguardia, fuori tiro,
fuori da dove esplode il desiderio.
Una fanciulla casta si dà troppo
anche se mostra il suo corpo alla luna.
La virtù stessa soffre la calunnia.
Il verme mangia i fiori di primavera
prima ancora che schiudano le gemme,
e il contagio è più infido nella fresca
guazza dell'alba e nella gioventù.
La sola sicurezza è la paura.

Che altro poteva fare a quel punto Ofelia – che probabilmente al desiderio e alle promesse di Amleto non era stata capace di resistere – se non diventare folle per amore, intrecciare ghirlande in solitudine e lasciarsi andare nel fiume annegando se stessa e forse la creatura già nascosta nel suo grembo?

Un'altra Gertrude dentro un triste convento risalta nel grande arazzo dei miti letterari. È la monaca di Monza, capitolo decimo dei *Promessi sposi*, costretta a farsi suora dalla dura legge del maggiorascato (l'eredità indivisibile destinata ai primogeniti). Ma Gertrude non ne vuole sapere e si ribella.

Un rammarico incessante della libertà perduta, l'aborrimento dello stato presente, un vagar faticoso dietro a desideri che non sarebbero mai soddisfatti, tali erano le principali occupazioni dell'animo suo. Rimasticava quell'amaro passato, ricomponeva nella memoria tutte le circostanze per le quali si trovava lì; e disfaceva mille volte inutilmente col pensiero ciò che aveva fatto con l'opera;

accusava sé di dappocaggine, altri di tirannia e perfidia; e si rodeva. Idolatrava insieme e piangeva la sua bellezza, deplorava una gioventù destinata a struggersi in un lento martirio, e invidiava, in certi momenti, qualunque donna, in qualunque condizione, con qualunque coscienza, potesse liberamente godersi nel mondo quei doni.

Invece di sottomettersi al destino che la vita le ha riservato, Gertrude cede alla forza del desiderio (e per una donna più grave colpa non c'era) nella persona di Egidio, «un giovane, scellerato di professione», che un giorno dalla sua finestra «osò rivolgerle il discorso». Così Manzoni può scrivere la bellissima frase, sibillina ed eloquente insieme:

La sventurata rispose.

Quella della monaca di Monza è la sventura della peccatrice, della ribelle, della lussuriosa, colpevole soltanto, alla fine dei conti, di essere assetata d'amore.

Ci sono almeno altre due grandi *sventurate* che, avendo risposto al desiderio come Gertrude, si puniranno col suicidio come Ofelia: Anna Karenina ed Emma Bovary. Ma può resistere Anna, una donna passionale che col marito s'annoia a morte, alle attenzioni di un bel giovane dai modi principeschi capace di inseguirla sul treno che lei ha preso in tutta fretta per sfuggirgli? Leggiamo *Karenina*:

«Perché sono in viaggio?» egli ripeté, guardandola proprio negli occhi. «Lo sapete, sono in viaggio per essere là dove siete voi; non posso altrimenti».

Madame Bovary, sprofondata com'è nella sonnacchiosa provincia francese, nutrita di fiabe e romanzi d'amore, capitola per molto meno, per la goffa dichiarazione di un seduttore da poco, Rodolphe:

«Sì, penso a voi continuamente... Pensare a voi mi colma di disperazione, Ah, perdonatemi... Ora vi lascio... Addio... Andrò lontano... tanto lontano che non sentirete più parlare di me. Eppure oggi... chissà che forza mi ha ancora spinto verso di voi. Non si può lottare contro il cielo, vero? non si resiste al sorriso degli angeli. Ci si lascia travolgere da ciò che è bello, delizioso, adorabile!»

Era la prima volta che Emma si sentiva dire cose del genere.

E se Karenina è una donna di fascino, che nei salotti cattura l'attenzione con i suoi occhi ridenti e il sorriso indimenticabile, Emma è una creatura opaca, avvenente come tante, che trascina nella vita il peso di una ininterrotta frustrazione. Persino la maternità è fonte di frustrazione. Quando, prima di cominciare a tradirlo, resta incinta di suo marito, sogna un figlio maschio.

Desiderava un maschio; sarebbe stato forte e bruno, e si sarebbe chiamato Georges; e questa idea di avere un maschio per figlio prefigurava la rivalsa su tutte le frustrazioni del passato. Un uomo almeno è libero; può esplorare le passioni e i paesi, superare gli ostacoli, assaporare le gioie più remote. Ma una donna è sempre incatenata. Inerte e insieme flessibile, ha contro di sé le debolezze della carne e i rigori della legge. La sua volontà, come il velo del suo cappello trattenuto da un nastro, palpita a ogni vento, e c'è sempre qualche desiderio a darle slancio, qualche convenzione a trattenerla.

Partorì una domenica, verso le sei, al sorgere del sole.

«È una bambina» disse Charles.

Lei girò la testa e svenne.

Emma cerca il riscatto in un amore travolgente, attribuisce alla passione una potenza riparatrice dei suoi giorni senza gloria.

L'amore, pensava, doveva manifestarsi di colpo, esplosione di lampi e fulmini, – uragano dei cieli che si abbatte sulla vita, e la sconvolge, strappa via ogni resistenza come uno sciame di foglie e risucchia nell'abisso l'intero cuore. Non sapeva che, sui terrazzi delle case, la pioggia forma dei laghi se le grondaie sono intasate, e avrebbe continuato a sentirsi al riparo, se all'improvviso non avesse scoperto nel muro una crepa.

Ma anche l'amore può essere molto deludente. Emma non trova amanti all'altezza dei suoi sogni. E anche Anna si sentirà tradita dallo sgonfiarsi nel tempo della passione di Vronskij, per il quale ha mandato a rotoli il suo matrimonio, perso il figlio che Karenin non le permette di vedere, sfidati i pregiudizi sociali del loro ambiente che la isola. Una si uccide con l'arsenico condannandosi a morte lenta e dolorosa, distruggendo anche il marito e il futuro di sua figlia. L'altra si getta sotto un treno chiudendo in modo circolare la storia con Vronskij che era iniziata, densa di presagi, in una stazione in cui un operaio era stato investito accidentalmente sui binari.

Diverso lo sguardo dei due autori sulle reciproche protagoniste. Più affettuoso, partecipe, si direbbe innamorato, Tolstoj. Distaccato, anche ironico e a momenti irritato dai comportamenti di Emma, Flaubert. L'uno e l'altro romanzo: dimostrazione quasi scientifica della tragedia che inevitabilmente scaturisce dalla ribellione di una donna al suo ruolo in seno alla famiglia ottocentesca. Eppure Emma e Anna potrebbero essere lette come due grandi "irregolari", antesignane d'indipendenza e libertà che si sottraggono alle regole etiche della famiglia borghese pagando il prezzo del sacrificio finale. E invece la donna scolpita dall'uomo è una creatura guidata unicamente dalla passione, tragica, priva di eroismo, nel suo sottomettersi totalmente a un disperato bisogno d'amore.

Michel Houellebecq è la versione contemporanea di questa mentalità. La lezione del Molière della *Scuola delle mogli*, per il quale la donna è «minestra dell'uomo» (e guai agli altri uomini che «nella zuppa vogliono intingere il ditino»), è ormai lontanissima. Eppure Houellebecq riduce ancora oggi la differenza fra uomo e donna al diverso atteggiamento nei confronti del desiderio: fallocentrico quello del maschio, romantico quello della femmina. L'uomo vuole scopare, la donna essere amata, e questa "centralità sentimentale" è all'origine della sua sottomissione. In *Le particelle elementari* l'autore fa dire a un personaggio femminile:

> La mia non è stata una vita felice. [...] Credo di aver dato eccessiva importanza all'amore. Mi concedevo troppo facilmente, gli uomini mi piantavano appena ottenuto quello che volevano, e io ne soffrivo. Gli uomini non fanno l'amore perché amano, lo fanno perché sono eccitati; è una cosa ovvia, eppure per capirla ci ho messo degli anni.

Ed ecco il corrispettivo maschile in *Serotonina*:

> Certo, le infedeltà (per usare un termine sfumato) di Yuzu mi avevano amareggiato, la mia vanità virile ne aveva sofferto, e soprattutto ero stato preso da un dubbio, i cazzi le piacevano tutti come il mio?, ecco la domanda che si fanno tipicamente gli uomini in questi frangenti, e anch'io me l'ero fatta, prima di concludere con una risposta ahimé affermativa.

In queste esigenze, che spesso nei suoi romanzi si compenetrano e compensano in modo esuberante, vengono raggiunti paradisi e abissi di differenti solitudini. E in

Piattaforma Houellebecq esprime una sua sbrigativa, condivisibile saggezza:

Esaltazione sentimentale e ossessione sessuale hanno un'origine comune, derivano entrambe da un parziale oblio del proprio ego; è un campo nel quale è difficile realizzarsi senza perdersi.

All'oblio dell'ego rimanda anche Philip Roth in *Il teatro di Sabbath*. Mickey Sabbath e Drenka Balich si erano «mescolati insieme» per tredici anni, tredici anni di sfrenate scorribande in esperienze sessuali senza limiti. Drenka muore di cancro e Mickey libera la vescica sulla tomba in una disperata, finale dichiarazione d'amore:

Sabbath si ritrovò a pisciare con una forza che lo sorprese, proprio come chi non conosce dolore può stupirsi dell'inarrestabile abbondanza delle proprie lacrime. Non ricordava quando fosse stata l'ultima volta in cui aveva pisciato tanto. Saranno stati cinquant'anni prima. Trapanare la sua tomba! Perforare il coperchio della bara e spruzzare in bocca a Drenka! Ma tanto valeva tentare di mettere in moto una turbina pisciando, non poteva più raggiungerla in nessun modo. – Ce l'ho fatta! – aveva gridato. – Ce l'ho fatta! – E lui non aveva mai adorato tanto una persona.

Quel grido "ce l'ho fatta!" era stato di Drenka quando era riuscita a sua volta a orinargli addosso per accontentarlo sessualmente. Perché Drenka – gli confesserà in punto di morte – si era adattata al libertinaggio di Mickey *per amore*, per amore *aveva accettato* di non lasciare il marito, di avere altri amanti, di farsi tradire da Sabbath... Fino a fargli quella richiesta inaudita, e finalmente sincera, che a lui sembra in un primo momento soltanto la più grande delle perversioni:

Giura che non scoperai più le altre o fra noi è finita.

Questo l'ultimatum che la signora cinquantaduenne impose tra le lacrime al suo amante sessantaquattrenne, il giorno in cui il loro legame, di stupefacente impudicizia e altrettanto stupefacente riservatezza, compiva tredici anni. E adesso che l'afflusso di ormoni andava esaurendosi, e la prostata ingrossava, e forse non gli restavano che pochi anni di potenza relativamente affidabile, e forse ancor meno anni di vita; adesso quando si avvicinava la fine di ogni cosa, gli veniva imposto, per non perdere lei, di stravolgere se stesso.

Roth conosce Drenka, conosce le donne, come Flaubert conosce Emma Bovary, come Tolstoj conosce Karenina. Forse come noi stesse non vorremmo riconoscerci. E così Drenka confessa:

L'ho fatto per te, naturalmente. E lo sai. Per farti piacere, per eccitarti, per darti quello che volevi, per darti la donna che non hai mai avuto! Ti amo, Mickey. Mi piace comportarmi da troia per te, fare qualsiasi cosa per te. Ti darei qualsiasi cosa, ma non posso più sopportare che tu abbia altre donne. Mi fa troppo male. È un dolore troppo grande.

Bugiarde, avide, furbe oppure tristi e irrimediabilmente sole perché senza un uomo accanto, come in Balzac, le donne sono comunque divise nella mentalità maschile in angeli e demoni. È una presenza angelica, «venuta / da cielo in terra a miracol mostrare», la donna salvifica di Dante, l'angelicata Beatrice, simbolo di perfezione celeste, principio di spiritualità ed elevazione. Al pari della Vergine è ponte fra l'umano e il divino, disincarnata, eterea, tutto il contrario della "donna petrosa" che fa disperare il poeta non ancora spiritualmente perfetto:

Così nel mio parlar voglio esser aspro
com'è ne li atti questa bella petra,

la quale ognora impetra
maggior durezza e più natura cruda...

E se adesso ci volgiamo verso i miti antichi con un salto indietro verso Eva e Pandora (con una domanda) vediamo che fu una donna, Pandora appunto, per invincibile curiosità, ad aprire il vaso che Zeus le aveva regalato, imponendole però di tenerlo chiuso. Nel vaso, infatti, stavano imprigionati tutti i mali possibili che, una volta liberati, invasero il mondo. Solo la speranza restò sul fondo, unica a non fare in tempo a volar via prima che Pandora riuscisse a risistemare il coperchio.

E fu una donna, Eva, mangiando la mela proibita sedotta dall'invito del serpente, la causa della cacciata dall'Eden e della condanna dell'umanità al dolore.

Allora la domanda è: perché regalare un vaso che non si può aprire e offrire una mela se non la si deve mangiare? Quale creatura è la più demoniaca?

Lei (per lei)

«Gli uomini ti schiacciano, se li lasci fare».

«Le donne» la corregge Violet. «Sono le donne che mi schiacciano. Nessun uomo mi ha mai schiacciata. Sono quelle ragazzine fameliche che si atteggiano a donne. Non contente dei ragazzi della loro età, no, vogliono uno che potrebbe essere loro padre. Se ne vanno in giro col rossetto, con calze velatissime, vestiti che non arrivano nemmeno... ci siamo capite...»

«Ehi, l'orecchio è mio! Vuole arricciare pure quello?»

In questo modo Violet, di professione parrucchiera, passa dalla rivalità alla consapevolezza durante la conversazione con una cliente cui sta arricciando i capelli nel romanzo *Jazz*, di Toni Morrison.

«E se ne è andato? Sta con lei?»

«No. Siamo ancora insieme. Lei è morta».

«Morta? Si può sapere allora che le prende?»

«Non fa che pensare a lei. Non ha nient'altro in testa. Non lavora. Non dorme. Piange tutto il giorno, tutta la notte...»

«Oh» dice la donna. Spegne la sigaretta, schiaccia il mozzicone e con molta attenzione lo depone nel portacenere. Appoggiandosi allo schienale della sedia, con due dita si preme il bordo dell'orecchio. «È nei guai» dice sbadigliando. «In guai seri, serissimi. Non si può rivaleggiare in amore coi morti. Si perde sempre».

Sono complicati i rapporti fra le donne. Minacciati da competizioni, insicurezze, invidie. Violet è ossessionata da Dorcas, la giovane amante di suo marito Joe. E quando Joe uccide Dorcas, Violet va al funerale, si avvicina alla bara e sfregia il viso della morta. Ma non se ne libera, e resta perversamente legata alla "nemica" in un insieme di tenerezza, attaccamento, rimpianto. Perché nel segreto del suo cuore ogni donna sa che il vero colpevole in queste rivalità femminili è il maschio.

> Violet [...] si chiede se per caso non se ne stia innamorando pure lei. Quando non cerca di umiliare Joe, è lì in ammirazione davanti ai capelli della ragazza; quando non maledice Joe con imprecazioni nuove di zecca, conversa a fior di labbra nella sua testa con la salma; quando non si preoccupa della perdita di appetito di Joe, della sua insonnia, si domanda di che colore fossero gli occhi di Dorcas. [...] Dorcas. Dorcas.

Il fatto è che le donne a volte finiscono con lo stabilire sbalorditive alleanze con le rivali in amore. Colette insegna: più di una volta aveva sedotto le amanti dei suoi compagni o mariti. E a questo proposito, in quel notturno, quasi iniziatico *memoir* sulla trasgressione che è *Il puro e l'impuro*, narra un divertente aneddoto su un personale caso di gelosia trasformatasi in amicizia:

> In un periodo di gelosia abbastanza bruciante, ho corso anch'io dei pericoli. Una rivale, malsicura della sua felicità, mi pensava intensamente, e intensamente io pensavo a lei. Ma io commisi l'imprudenza di immergermi nel mio lavoro di scrittrice che non potevo trascurare, e di lasciar perdere l'altro mio bisogno di antagonismo, di sfida quotidiana e segreta. Insomma, rimandai le mie maledizioni di tre o quattro mesi, mentre invece la signora X... consacrava lunghe ore oziose alle sue. E me le vidi piombare addosso, le con-

seguenze di questo ineguale trattamento! Cominciai col cadere in una buca in place du Trocadéro, poi mi presi una bronchite. Persi in metropolitana l'ultima parte di un manoscritto che stavo portando all'editore e del quale non avevo conservato la copia. Un taxista mi rubò il biglietto da cento franchi che gli avevo chiesto di cambiare e mi piantò in asso a notte fonda, sotto la pioggia, senza un soldo. Una misteriosa epidemia mi strappò tre gattini d'angora. [...]

Bastò che mi svegliassi da quella negligenza imperdonabile, che tornassi a un equilibrato scambio di traiettorie mentali con la signora X per mettere fine a quel rosario di disgrazie. E vivemmo in buona incomprensione finché il legame che la univa a me non fu esaurito, e lo spazio non cessò di essere un percorso di emanazioni malvagie, un'arpa di onde risonanti, un etere stellato di segni sospesi... Non fui la sola a rammaricarmene, perché ci combattevamo senza un'antipatia radicata. Il tempo compensa gli avversari degni.

E Colette, guarita per sempre dalla gelosia, conclude:

Con questa bella donna bionda, con una soave castana i cui capelli erano simili ai miei – con quell'altra e quell'altra ancora, ho smesso di scambiare, non scambierò mai più, al di sopra di un uomo, attraverso un uomo, questa viva minaccia, questi riflessi da specchio a specchio, questo effluvio infaticabile che offendeva anche l'uomo conteso...

Ma il legame femminile può volgere verso una più profonda e sottile complicità, che Katherine Mansfield coglie benissimo. Non sappiamo come precisamente evolverà il rapporto fra Bertha, protagonista del suo racconto *Felicità*, e Pearl Fulton, perché il finale della storia resta sospeso, tuttavia...

Bertha e suo marito Harry hanno invitato alcune persone a cena. Fra gli altri la misteriosa Miss Fulton.

Che cosa facesse Miss Fulton, Bertha non lo sapeva. Si erano incontrate al club, e Bertha aveva preso una passione per lei, come sempre prendeva una passione per le belle donne che avessero qualcosa di singolare.

Lei la trova sfuggente, mentre suo marito la definisce «scipita e fredda come tutte le bionde». Salvo che, alla fine della serata, Bertha assiste non vista a uno scambio fra Harry e Pearl nell'ingresso e scopre che i due sono amanti.

«Oh, e che cosa succederà adesso?» esclamò.

Il suo sconcerto, il suo stupore, la sua delusione, però, riguardano forse più l'amica che Harry, dal momento che poche pagine prima l'avevamo vista angosciata all'idea che gli amici se ne andassero e lei si sarebbe ritrovata sola nella casa «zitta zitta. Le luci spente. E tu e io saremo soli insieme nella stanza buia... nel letto caldo». Infatti Bertha non ha alcuna voglia di quella intimità coniugale...

Oh, l'aveva amato – era stata innamorata di lui, senza dubbio, in tutti gli altri modi, ma proprio in quello no. E allo stesso modo, s'intende, aveva capito che lui era diverso. Ne avevano discusso così spesso. A tutta prima il constatare di essere tanto fredda l'aveva atrocemente agitata, ma dopo un certo tempo parve che la cosa non avesse importanza. Erano così limpidi l'uno con l'altra – così buoni amici. Ecco il miglior vantaggio di essere moderni.

La Bertha della Mansfield è tanto disorientata perché non conosce le diverse ramificazioni della sessualità femminile, non ha la sicurezza di una Natalie Clifford Barney, nota nella Parigi degli anni Venti come l'Amazzone, che nei suoi *Pensieri* poteva scrivere:

Non è perché non penso agli uomini che non li amo, ma perché invece ci penso.

E:

Occorre liberare l'uomo dall'uomo.

E:

Questa catastrofe: essere una donna.

Per delle donne "speciali" può essere difficile andare a genio a un uomo. Colette racconta in *Il puro e l'impuro* che un giorno propose a un tipo che le piaceva, tal Damien, di partire insieme. Lui le risponde: «Mi piace viaggiare soltanto con le donne». Di fronte allo sconcerto che si dipinge sul viso della scrittrice, Damien fa una battuta che peggiora la situazione: «Lei una donna? Le piacerebbe!».

Colette, depressissima, si sfoga con un'amica, l'attrice bisessuale Marguerite Moreno, che la illumina:

> «Perché non ti rassegni all'idea che certe donne rappresentano, per certi uomini, un pericolo di omosessualità?»
>
> «Ecco forse di che lenire il tuo orgoglio e il mio, Marguerite, se non il resto. Ma se quel che dici è vero, chi ci considererà donne?»
>
> «Le donne. Soltanto le donne non si sentono né offese né ingannate dalla nostra virilità spirituale».

Erano decisamente "spiritualmente virili" Hannah Arendt e Mary McCarthy. Non furono mai rivali in questioni sentimentali, ma a uno dei loro primi incontri ebbero un pesante scontro ideologico. Si trovavano a una festa, nel 1945, Mary aveva detto con leggerezza mondana che Hitler le faceva un po' pena per l'assurdità di pretendere di essere amato dalle sue vittime. Hannah, che pure la stimava avendo letto e ammirato il libro *Gli uomini della sua vita* (raccolta di storie di donne sul significato dell'esistenza), si era sentita offesa, e l'aveva rimbeccata aspramente, tanto che la McCarthy si era ritirata in disparte, passando il resto della serata da sola in un angolo. Ma lo screzio si sarebbe ricomposto negli anni successivi.

Erano passionali e sincere, autentiche, intelligentissime, molto corteggiate, molto sposate, coscienziosamente infedeli. Spesso sole contro tutti per originalità e spregiudicatezza di pensiero. La loro amicizia durò un quarantennio, e s'interruppe soltanto con la morte di Hannah, più grande di sei anni. Soprattutto erano provviste entrambe delle tre doti che la Arendt considerava imprescindibili: ingenuità, indipendenza, coraggio. Lei non poteva non amare le persone che riuscivano – pur con vasta esperienza di mondo – a conservare una sorta di innocenza infantile. Tutte e due hanno amato molto gli uomini, però degli uomini pensavano (parole della Arendt):

sono un fardello notevolmente fastidioso, solo che non si può farne a meno.

C'è Mary accanto a Hannah, quando infuriano le polemiche su *La banalità del male* e la filosofa è pesantemente attaccata dalla comunità ebraica. Si trovano a Chicago entrambe quando John Kennedy viene assassinato a Dallas, e seguono insieme i funerali in televisione, preoccupate di un rinfocolamento del "fanatismo anticomunista" che quel delitto scatenerà. C'è Mary quando il marito di Hannah, Heinrich Blücher (anche lui infedelissimo, ma le infedeltà nelle coppie che funzionano non ne minano la sostanza), muore improvvisamente. È l'autunno del 1970. I Blücher erano stati a lungo in montagna, nel Canton Ticino. Mary li aveva raggiunti. Poi tornano tutti in America e, in ottobre, Heinrich è stroncato da un infarto. Hannah è così disperata da non sapere che fare di se stessa. «E adesso come farò a vivere?» si chiede. Raramente parlava dei suoi sentimenti, non si apriva nemmeno con gli intimi, ma con Mary lo fa. Il 22 novembre le dice in una lettera:

> La verità è che sono completamente esausta, se intendi questa parola non come un superlativo di stanchezza. Infatti non sono stanca, almeno non molto stanca; solo esausta. Funziono regolarmente, ma so che il minimo accidente potrebbe mandarmi a gambe all'aria. Non mi pare di averti mai detto che per dieci anni ero stata nel costante terrore che avvenisse una morte improvvisa, proprio come questa. Era una paura spesso molto simile a un vero panico. E dove prima c'era quella paura, e quel panico, ora c'è solo un vuoto totale. A volte penso di non poter più nemmeno camminare, senza questo senso di peso dentro di me. Ed è vero che mi sento come se galleggiassi. Se mi provo a pensare al futuro, anche solo da qui a un paio di mesi, mi vengono le vertigini. Ora sono nella stanza di Heinrich e sto usando la sua macchina da scrivere. Mi dà qualcosa a cui attaccarmi. Lo strano è che nemmeno per un momento perdo davvero il controllo.

In primavera Mary la porta con sé e con suo marito (il quarto, un diplomatico) in viaggio in Sicilia. Al ritorno, in maggio, Hannah le scrive:

> Durante questi ultimi mesi ho spesso pensato di me stessa: *frei wie ein Blatt im Winde*, libera come una foglia al vento. E continuamente pensavo anche: non fare niente contro questo, così è e basta, non permettere a nessuna "volontà autocratica" di interferire.

Ma poi subito ammette, perché parla all'amica come parlasse a se stessa: «Naturalmente è vero solo a metà, perché dall'altra parte c'è tutto il peso del passato». Alla fine del 1973, dopo la scomparsa di due grandi amici, il poeta W.H. Auden e il critico Philip Rahv, che era stato un amante della McCarthy, le confessa ancora una volta emozioni segrete, un profondo senso di solitudine, la tristezza che la invade di fronte alla perdita di tante persone che erano state importanti nella sua vita:

> Devo confessare che questo processo di defoliazione (o di deforestazione) mi pesa. Come se invecchiare non significasse, come ha detto Goethe, una graduale ritirata dall'apparenza – il che non mi dispiacerebbe – bensì la graduale, anzi improvvisa trasformazione di un mondo pieno di visi familiari (non importa se di amici o di nemici) in una specie di deserto, popolato da facce sconosciute. In altre parole, non sono io che mi ritiro ma è il mondo che si dissolve: il che è una faccenda completamente diversa.

E qui viene in mente un'autrice, Karen Blixen, nella quale Hannah amava rispecchiarsi e di cui aveva pubblicato un ammirato ritratto nel 1968, sul «New Yorker». In *La mia Africa* Karen scrive: «Io non avevo il potere di lasciare l'Africa, ma era l'Africa che lentamente, gravemente si ritirava da me, come il mare nella bassa marea».

Mary McCarthy sopravvive all'amica quattordici anni. Nell'orazione funebre che pronuncia in pubblico, dopo aver tessuto le lodi intellettuali della Arendt, la descrive fisicamente con una concretezza e con parole che difficilmente potremmo attribuire a un uomo:

> Era una bella donna, attraente, seducente, femminile [...]. Soprattutto i suoi occhi, così brillanti e vivaci, splendenti quando era felice o eccitata; ma anche profondi, oscuri, remoti pozzi di introspezione. C'era qualcosa di insondabile in Hannah che pareva giacere nella profondità pensosa di quegli occhi. Aveva mani

piccole e belle, caviglie eleganti, piedi slanciati. Aveva una passione per le scarpe; in tutti gli anni della nostra conoscenza, penso abbia avuto un solo callo. Le sue gambe, i suoi piedi e le sue caviglie esprimevano rapidità, decisione. Bastava vederla una volta ritta su una pedana da conferenze per essere colpiti da quei suoi piedi, polpacci, caviglie che sembravano tenere il passo coi suoi pensieri. Mentre parlava, camminava su e giù per la pedana, a volte con le mani sprofondate nelle tasche, come uno che passeggia da solo, meditando. Quando i regolamenti di sicurezza lo consentivano, fumava, muovendosi per la pedana con la sigaretta infilata in un corto bocchino, inspirando, di tanto in tanto, pensosamente, la testa rovesciata all'indietro, come arrestata da una nuova, inaspettata idea. [...] C'era più di un tocco della grande attrice in Hannah. La prima volta che l'ascoltai parlare in pubblico – circa trent'anni fa, durante un dibattito – mi fece venire in mente la Bernhardt.

Non posso però adesso staccarmi da Hannah Arendt, senza incrociare lo sguardo di Julia Kristeva nel libro che le ha dedicato sul "Genio Femminile" (*Hannah Arendt. La vita, le parole*), in particolare quando osserva:

Hannah Arendt, lungi dall'essere una «pensatrice di professione», agisce il proprio pensiero nel cuore della propria vita: si è quasi tentati di vedere in questo tratto tipicamente arendtiano anche una peculiarità femminile; è proprio vero, infatti, che la «rimozione» detta «problematica», impedisce alla donna di isolarsi nelle torri d'avorio ossessive del pensiero puro, per ancorarla alla concretezza dei corpi e ai legami con gli altri.

Il modo in cui le donne parlano delle donne che stimano ha spesso un tono innamorato, in un sottile gioco di riflessi. Qualche volta è desiderio sublimato, qualche volta l'amicizia diventa coinvolgimento sessuale, vera e propria passione. Come fra Virginia Woolf e Vita Sackville-West, la contradditoria, travolgente Vita, l'unica persona che riuscì ad accendere l'eros sopito dell'autrice di *Orlando* (per altro ispirato proprio alla Sackville-West).

L'amicizia fra Virginia e Vita durò un ventennio, fino al suicidio della Woolf, e si scambiarono almeno quattrocento lettere. I rapporti fisici molto meno: Vita amava il momento della conquista, poi si stancava, ma sapeva trasformare l'eros in amicizia duratura. Al marito Harold Nicolson scrisse di essere andata a letto con la Woolf in tutto due volte e senza una forte passione. Forse c'era un po' di menzogna per lenire la ferita inferta, ma non troppa (marito e moglie non erano particolarmente gelosi l'uno dell'altra quando i tradimenti erano di tipo omosessuale). Alla Woolf, Vita rimase comunque legata da un rapporto complesso che per Virginia, davvero innamorata dell'altra, fu a tratti molto doloroso. E quando l'amica la fece finita gettandosi nell'Ouse, Vita si disse che se quel 28 marzo si fosse trovata a Monks House (la casa di campagna di Virginia e Leonard Woolf) l'avrebbe trattenuta, le avrebbe impedito di uccidersi. Molti anni dopo scriveva ancora a Leonard: «Insisto a credere che avrei potuto salvarla se solo fossi stata sul posto e avessi saputo lo stato mentale in cui stava affondando».

Come scrittrici sono diversissime. Vita è un'autrice di successo, e con la pubblicazione dei suoi romanzi fa guadagnare parecchi soldi alla Hogarth Press, la casa editrice dei Woolf. Si conoscono alla fine del 1922. Vita ha trentun anni, Virginia dieci di più. La storia d'amore comincia tre anni dopo.

Scriveva Virginia nel diario il 21 dicembre del 1925, dopo alcuni giorni passati nella casa di Vita a Long Barn:

Mi piace, e mi piace stare con lei – brilla dal droghiere di Sevenoaks come la fiamma di una candela, diritta su quelle sue gambe simili a betulle, soffusa di rosa, inghirlandata di perle, come grappoli d'uva. È questo forse il segreto del suo fascino. A ogni modo mi ha giudicata terribilmente trascurata, nessuna donna si cura meno della propria apparenza – nessuna si mette su le cose come faccio io. Eppure così bella, eccetera. Qual è l'effetto di tutto ciò su di me? Molto misto. C'è la sua maturità e la sua pienezza fisica: il suo navigare a gonfie vele sulle alte maree, mentre io costeggio in acque chete; la sua capacità, voglio dire, di prendere la parola quali che siano gli interlocutori, di rappresentare il suo paese, di andare in visita a Chatsworth, di supervedere all'argenteria, ai domestici, ai suoi chow-chow; e poi la maternità (anche se coi figli è freddina, sbrigativa). Insomma lei è (cosa che io non sono mai stata) una vera donna. Poi c'è una certa voluttuosità in lei; l'uva è matura; e non è riflessiva. No. Quanto a cervello e intuizione, non è tanto ben organizzata come sono io. Ma del resto ne è consapevole, e in compenso mi elargisce quella protezione materna che, per una ragione o per l'altra, è ciò che più desidero ricevere da sempre da tutti.

L'amicizia fra donne, per Virginia, spiazzata dal desiderio, è «una relazione tanto segreta e intima, in confronto alle relazioni con uomini». E il 20 maggio del 1926 ancora s'interroga: «Sono innamorata di lei? Ma che cos'è l'amore? Il fatto che lei sia "innamorata" (fra virgolette) di me mi eccita, mi lusinga, e m'interessa. Che cos'è questo "amore"?». Un sentimento così potente la turba enormemente. E infatti continua a chiedere a Vita: «Chi sono, voglio che tu me lo dica». E anche quando non hanno più rapporti sessuali e intrattengono, entrambe, relazioni sentimentali con altre donne (Vita di più), riescono a suscitare l'una nell'altra feroci gelosie.

E se, scrivendo al marito, la Sackville-West sminuisce l'importanza della sua amicizia con la Woolf («Voglio bene a Virginia, e chi non gliene vorrebbe? Ma davvero, stella mia, l'amore che si può avere per Virginia è qualcosa di ben diverso: una cosa mentale, una cosa spirituale, se vuoi, una cosa intellettuale»), alla sua amica dice, l'11 ottobre del 1927, rievocando l'inizio della loro storia:

Come avevo ragione, comunque; a impormi a te a Richmond, e preparare così la miccia per l'esplosione sul divano qui nella mia stanza quando ti sei comportata così disdicevolmente e mi hai acquistata per sempre. Aquistata, ecco cos'hai fatto con me, come comprare un cucciolo in un negozio e portarselo via al guinzaglio. Trotterello ancora dietro a te, ancora al guinzaglio.

Alla fine di settembre del 1928 fanno un viaggio insieme di una settimana, l'unico, in Borgogna. Alla vigilia della partenza Virginia si preoccupa: «Ti annoierai con me?». Ma ammette: «Come esperimento questo viaggio m'interessa enormemente». Non scrive il diario in quei giorni. Vita al ritorno le dice in una lettera:

La Borgogna pare un sogno. "Prima una gioia proposta; poi un sogno". Sono stata molto felice. [...] Mia carissima, ti amo tanto. Tutte le Sibyl e i Tom Eliot di questo mondo non ti amano come me. Non è uno scherzo. Ma la pura sacrosanta verità.

E Virginia risponde:

Non dirò nulla, non una parola del balsamo che sei stata per il mio tormento – perché tormentata lo sono sempre. Come ti osservavo! Mi sentivo – dunque, come mi sentivo? Ecco, una volta ho visto una pallina ballare sullo zampillo di una fontana: tu sei la fontana, io la pallina. È una sensazione che mi dai solo tu. È fisicamente stimolante, e riposante allo stesso tempo.

Poi viene pubblicato quel romanzo che è una lunga dichiarazione d'amore, *Orlando*, e suscita molta attenzione, grandi lodi. Vita è «abbagliata, ammaliata, incantata, stregata». Le sembra il libro più bello, più saggio, più *ricco* che abbia mai letto – supera persino il *Faro* [...] E poi hai inventato una nuova forma di narcisismo – lo confesso – sono innamorata di Orlando – e questa è una complicazione che non avevo previsto.

Anche i due mariti apprezzano (e abbozzano). «Bello, scintillante, profondo», decretò Harold Nicolson.

Se *Orlando* è il monumento in forma di libro che una scrittrice erige alla donna che ama, *Il grande mare dei sargassi* di Jean Rhys è il risarcimento letterario che l'autrice britannica di origini caraibiche dedica a un personaggio: Bertha Antoinetta Mason, la moglie giamaicana di Sir Edward Rochester, considerata pazza e tenuta rinchiusa da lui in una soffitta, in *Jane Eyre*. Rhys riscatta una figura umiliata e denuncia il sopruso patriarcale (e coloniale in questo caso) che permetteva a un marito di esercitare sulla moglie un potere assoluto: confiscarle i beni, farla dichiarare pazza, deportarla, incarcerarla. Fino all'esito che conosciamo dal libro della Brontë: la prigioniera sfugge al controllo della sua custode, brucia la casa e si uccide, ferendo gravemente il carceriere-padrone. Il finale nel romanzo della Rhys è più sfumato, si ferma un attimo prima del compimento della vendetta, che sarà forse ancora più tragica:

Grace Poole stava seduta al tavolo ma anche lei aveva sentito il grido, perché disse: «Che succede?». Si alzò, venne a guardarmi. Io rimasi ferma, con gli occhi chiusi, il respiro tranquillo. «Devo aver sognato» disse tornando indietro, non verso il tavolo, verso il letto. Quando la sentii russare, aspettai ancora, molto a lungo, poi mi alzai, presi le chiavi e aprii la porta. Mi trovai fuori, con la candela in mano. Ora finalmente so perché mi hanno portata qui e che cosa devo fare. Doveva esserci una corrente d'aria perché la fiamma guizzò e io pensai che si sarebbe spenta. Ma le feci schermo con la mano, ed essa tornò a splendere per farmi luce lungo il corridoio oscuro.

Bertha e Jane necessariamente si odiano, insieme attratte e spaventate. Nel gioco di proiezioni, rispecchiamenti e riconoscimenti che si mettono in atto nel bene e nel male di un rapporto, le donne intuiscono molto l'una dell'altra. Ma doveva passare ancora molto tempo, e un lungo processo di liberazione, per poter "fare amicizia" alle spalle del maschio conteso, come accade, lo abbiamo visto precedentemente, nell'esperienza di Colette.

In una donna preferisco il fascino delle maniere, dell'eloquio, del portamento, della danza, a una bellezza puramente classica. La bellezza classica può essere molto stupida, vista fuori dai musei. Un viso grazioso può dare informazioni alquanto inesatte sul suo vero carattere. [...] Osservate come entra in una stanza la donna che attira tutti gli sguardi su di sé, come cammina, come si siede, come gesticola quando conversa. Può anche essere decisamente brutta, se la giudichiamo secondo canoni classici, ciò non di meno vi è qualcosa nella sua figura, nell'atteggiamento, nei gesti, che ha stile e bellezza perché questi non sono ornamenti, ma qualcosa di essenziale. Perché, fra venti, cinquanta, cento donne, è quella la più attraente, sia essa alta o bassa, scura o chiara, atletica o femminile? Perché lei sa *come* vuole camminare, *perché* vuole sedersi, a *che cosa* si riferiscono i suoi gesti. È se stessa.

E questo è lo sguardo di una donna che amava le donne, anche se sentimentalmente sceglieva gli uomini. Si tratta di Coco Chanel in un'intervista rilasciata a Djuna Barnes nel settembre del 1931.

Quando una donna è attratta da un'altra donna, non necessariamente desidera possederla. Karen Blixen, per esempio, era molto curiosa di conoscere Marilyn Monroe. E la conobbe, durante una sua tournée americana, a casa di Carson McCullers, amica di Arthur Miller, in quegli anni sposato con Marilyn. Al ritorno in Danimarca disse a un'amica di essere rimasta colpita e turbata dalla diva:

Non perché sia bella, anche se lo è all'inverosimile, ma perché irradia contemporaneamente una vitalità infinita e un'incredibile innocenza. Avevo trovato le stesse caratteristiche in una leoncina che mi era stata portata dai miei servitori indigeni in Africa.

Ho scoperto nell'autobiografia di Edith Sitwell, un'altra grande amica della Woolf, un'impressione simile sulla Monroe:

Quando era immobile il suo volto acquistava a tratti una strana, profetica tragicità, come il volto di un bellissimo spirito, un giovane spirito di primavera, un innocente demone della fertilità, quello spirito della vegetazione che fu Ofelia.

Ma un grande ritratto, partecipe, tenero, doloroso dell'attrice americana l'ha scritto Joyce Carol Oates nel romanzo di quasi ottocento pagine *Blonde*.

Era così compressa in quell'abito assurdo e inerpicata sui tacchi a spillo da potersi muovere solo a passettini esitanti da neonato. Talmente terrorizzata, benché imbottita di alcol e cocaina, da riuscire a stento a mettere a fuoco la platea. Che spettacolo. Che visione. I quindicimila facoltosi Democratici che affollavano la platea ruggirono la propria ammirazione [...] Marilyn ebbe o no il tempo di chiedersi se il Presidente avrebbe ricambiato la cortesia raggiungendola a Los Angeles il 1° giugno, in occasione del suo compleanno, per celebrarlo con lei possibilmente in maniera intima – no, quasi sicuramente non ebbe il tempo di chiederselo, perché si ritrovò di colpo davanti al microfono, intontita, sorridendo stolidamente e indugiando a leccarsi le labbra rosse di rossetto come nello sforzo disperato di ricordare dove si trovasse, cosa fosse tutta quella baraonda, sguardo vitreo e corpo barcollante sui tacchi a spillo, e infine dopo un intervallo atrocemente lungo cominciando a cantare con la striminzita, trafelata, gutturale e sensuale voce di MARILYN

HAP py birth day to YOU.

Vale forse la pena ricordare che John Kennedy stava prendendo le distanze da un amore tanto compromettente e non ricambiò "la cortesia", non raggiunse la Monroe a Los Angeles per festeggiarne con lei il compleanno. Marilyn si contentava ormai delle briciole di quella storia. E dire che dal fondo delle sue insicurezze aveva esortato le altre:

Non accettate le briciole. Ci hanno fatto donne, non formiche!

Madri (e figli)

Ho parlato molto dell'amore materno, perché è il solo amore incondizionato che io conosca. È interminabile, è al riparo da tutte le intemperie. Non c'è niente da fare, è una calamità – l'unica al mondo – meravigliosa.

Marguerite Duras ha attraversato l'esperienza dolorosa di un aborto nella giovinezza e poi, nel maggio del 1940, il dramma della perdita di un bambino, morto mezz'ora dopo la nascita. Finalmente, il 30 giugno del 1947, mette al mondo Jean Mascolo. In alcuni diari, scritti durante la guerra e nei primi anni successivi, annota i suoi pensieri sull'importanza di avere un figlio:

Era comunque separato da me. Io mi prestavo a lui perché lui si facesse. La sua carne era immersa nella mia, carne nascente ma distinta, con la sua giovinezza, i suoi scatti, la sua freschezza, la sua collera di animale sottomarino che si dibatte per arrivare alla superficie, all'indipendenza. La sua indipendenza era nel mio profondo, talmente imperiosa e nuda che io stavo come dilaniata dalla verità, messa a nudo, come una donna che fa l'amore, dilaniata dalla sua verità. Ecco il sentimento della virilità nella maternità. Nessuno degli aspetti più risaputi della virilità può competere con questo, se con virilità si intende l'esercizio brutale di una libertà. E io esercitavo brutalmente la mia libertà di fronte a quella libertà totale che gorgogliava nel mio profondo. La sentivo vivere e sentivo la mia contenerla tutt'intorno, altrettanto libera.

(Adesso che rileggo queste righe, lui è là, al di fuori di me, a pochi metri di distanza, e dorme. La sua libertà non è meno totale, né lo è la mia. La mia vita è legata alla sua, ne dipende fin nei minimi dettagli. Se lui muore, la bellezza del mondo muore e sarà notte, notte nera sulla mia terra. In altre parole, se lui muore, io muoio al mondo. Per questo non ho paura della sua morte più che della morte stessa. Per questo, nel momento in cui sono più incatenata, sono più libera. Mai la mia ribellione, la forza della mia ribellione è stata così violenta. Dal momento che un simile amore, un simile vincolo amoroso è nell'ordine del possibile, e poiché questo possibile contiene la morte dell'oggetto di quel vincolo, allora mi augurerei che Dio esista per incarnare questo possibile, e per poterlo bestemmiare. [...] Quelli che non hanno figli e parlano della morte mi fanno ridere. Come vergini che immaginano l'amore, come preti. Hanno della morte un'esperienza immaginaria. [...] Davanti a un bambino, invece, questa idea viene vissuta ogni giorno e se la cosa avviene, è da vivo che godrete della vostra morte, sarete un morto vivente.)

Quando diventa madre ha trentatré anni, dopo aver provato la paura insensata «che fosse troppo tardi per qualsiasi cosa, anche per avere questo bambino». Dopo l'amore folle dei primi tempi con Dionys Mascolo, le sembra che più «niente funzionasse» fra loro. Ma poi: «Il bambino è venuto a spazzare via tutto, momentaneamente». E resterà a legarla per sempre a Dionys, anche quando l'uno e l'altra avranno altre storie, altri amori. Fino alla morte.

Jean sarà un ragazzo ribelle che la farà disperare, eppure l'amore materno resterà saldo, unico, indiscutibile. La Duras lo dichiara in un film del 1981, *Duras filme*, girato da suo figlio e da un amico di lui, Jérôme Beaujour: la "meravigliosa calamità" di cui parla Marguerite fa riferimento all'infanzia, a sua madre. Nel brano «Ma mère avait...», in *Le Monde extérieur*, ancora s'interroga:

> In genere i bambini non pensano alle loro madri come a delle fuori-di-testa? Non si sente spesso dire: «Mia madre, era fuori di testa, era una pazza»? Ma non è un ostacolo per l'amore. Io stessa sono madre. Sono una pazza? Non lo so, ma certo ho allevato molto male mio figlio. Avevo perso un bambino prima di lui, alla nascita, e lui ne ha risentito. L'ho viziato troppo. Avevo paura tutto il tempo. Insomma, penso che la maternità si viva nell'indecenza. Le madri danno libero sfogo a tutte le loro fantasie ludiche. Ricordo mia madre che giocava alla guerra davanti a noi cantando la marcia di *Sambre et Meuse*. Afferrava un bastone facendone un fucile e cantava, poi scoppiava a piangere, piangeva pensando ai fratelli morti a Verdun. E anche noi piangevamo. E poi dicevamo: «Vabbè, è pazza».

C'è sicuramente una stretta relazione fra la bambina che si è state e la madre che si diventa. Certamente complicati dovevano essere stati i rapporti di Doris Lessing con sua madre. Lo si vede riflesso nei suoi libri, nei tanti rivoli di complesse maternità. Il personaggio di Harriet, nel suo *Il quinto figlio*, esemplifica quello che potremmo chiamare un "estremismo materno". Un amore che provoca la rovina dell'intera famiglia, fin lì felice. Harriet, infatti, ha quattro figli normali e un quinto, Ben, disabile al limite della mostruosità e pericoloso per sé e per gli altri, ma sceglie di non lasciarlo in un istituto, contro il parere del marito David, fin lì sempre solidale con lei. Il romanzo pone un grande dilemma morale e illumina un aspetto nascosto della maternità umana: la tendenza a scegliere, in una relazione simbiotica, il più debole della prole. In aperto contrasto con ciò che avviene nelle altre specie.

> Quella sera rimase con Ben, senza degnare gli altri bambini neppure di uno sguardo. David si chiuse nella stanza dove si era

trasferito, lasciandola di nuovo sola. Per lei il suo comportamento era dettato solo dal desiderio di proteggerli da Ben durante quel periodo, in cui lo stava rieducando alla vita familiare. Per gli altri, invece, lei aveva fatto una scelta precisa, voltando loro le spalle per entrare in quello strano mondo che era il mondo di Ben.

C'è un mistero nella vita di Doris Lessing. Da un primo matrimonio Doris aveva avuto due figli, un maschio e una femmina, di cui non ha mai parlato. Li lascia al marito, nello Zimbabwe (allora Rhodesia) dove viveva, per riprendersi la libertà. Poi si innamora di nuovo, si risposa e ha un terzo figlio, psichicamente handicappato, Peter. Lascia anche il secondo marito e nel 1949, portando Peter con sé, si trasferisce in Inghilterra. Diventa madre quasi adottiva, ospitando in casa per anni una ragazzina difficile, Jenny Disky, compagna di scuola di Peter, che poi da grande avrebbe scritto un libro autobiografico raccontando questa sua storia, che la Lessing aveva tenuto segreta.

Come tante donne, Doris è costretta a pagare un prezzo altissimo quando decide di rompere il suo matrimonio. Vittima del ricatto del primo marito, deve rinunciare ai figli in cambio della libertà. Una decisione che divide, nel giudizio, le donne stesse. Ricordo che molti anni fa, giovane sposa e femminista, commisi l'errore di regalare a mia suocera un libro del 1906, sempre ristampato, *Una donna*, di Sibilla Aleramo. È la storia autobiografica di una scelta molto sofferta: messa di fronte all'aut-aut del marito (dal quale era stata iniziata al sesso con uno stupro), la scrittrice decide di abbandonarlo e di abbandonare con lui il figlio per salvarsi da un destino suicida e folle – sua madre aveva concluso un periodo di "follia" col suicidio – che vedeva profilarsi anche per sé. Mia suocera non apprezzò. Sosteneva che una donna deve pensare prima di tutto non a se stessa, ma ai figli, che deve sacrificarsi per il loro bene. Io pensai dentro di me che non è per niente detto che il bene dei figli sia una madre infelice. E pensai: meno male che le leggi sono cambiate e non ci obbligano più a scelte tanto drastiche. Ma allora, quando Sibilla Aleramo scriveva e prendeva una decisione che la dilaniava, il Codice era diverso. Leggo in *Una donna*:

Riaprii il libro che avevo già consultato a Roma, l'anno avanti, tristamente. Chiaro e semplice il codice nei suoi versetti... Io lo conoscevo. Ma solo ora pensando a me stessa, e ch'ero io l'incatenata, che proprio su di me la legge era come la porta di un carcere, ne sentivo tutta la mostruosità. È possibile? La legge diceva ch'io non esistevo. Non esistevo se non per essere defraudata di tutto quanto fosse mio, i miei beni, il mio lavoro, mio figlio!

Gli uomini hanno capito presto quanto l'istruzione – strada maestra verso l'indipendenza – sia un'arma pericolosa e hanno provato a ostacolarne in tutti i modi la diffusione "al femminile", cominciando per l'appunto dalle disposizioni giuridiche.

Di madri dolorose, madri adoranti, madri indegne si parla nelle pagine di Elsa Morante, che soffriva per non aver avuto figli. Ma sicuramente il ritratto di madre che giganteggia nella sua opera è quello di Iduzza, nella *Storia*. È in seguito a uno stupro, da parte di un giovane soldato tedesco, che Ida, già madre del quindicenne Nino, resta incinta una seconda volta. Ha trentasette anni, ma se ne sente addosso molti di più, provata dagli stenti, dalla fame e dalla paura della guerra. Il piccolo Useppe, dai grandi occhi turchini, diventa per lei ragione di vita, in un rapporto simbiotico di totale abnegazione:

Alla vista di qualsiasi sostanza mangiabile, ma purtroppo inaccessibile ai suoi mezzi, essa restava incantata, con un'invidia struggente. A lei stessa niente faceva gola, perfino la secrezione della saliva le si era prosciugata: tutti i suoi stimoli vitali si erano trasferiti su Useppe. Si racconta di una tigre che, in una solitudine gelata, si sostenne assieme ai propri nati leccando, per parte sua, la neve; e distribuendo ai piccoli dei brandelli di carne che lei stessa si strappava dal proprio corpo coi denti.

Quando Useppe muore, il mondo di Iduzza si spegne completamente (quasi illustrazione di quanto sosteneva Duras: «se lui muore, la bellezza del mondo muore e sarà notte, notte nera sulla mia terra»). Non le restano che disorientamento e follia.

Ida provò lo stimolo di urlare; ma ammutolì a un ragionamento immediato: «Se grido, mi sentiranno, e verranno a portarmelo via...». Si protese minacciosa verso la cagna: «Sss...» le bisbigliò, «zitta, non facciamoci sentire da loro». E dopo aver tirato il catenaccio nell'ingresso, in silenzio prese a correre le sue stanzucce, urtandosi nei mobili e nei muri con tale violenza da farsi dei lividi per il corpo. Si dice che in certi stati cruciali davanti agli uomini ripassino con velocità incredibile tutte le scene della loro vita. Ora nella mente stolida e malcresciuta di quella donnetta, mentre correva a precipizio per il suo piccolo alloggio, ruotarono anche le scene della storia umana (la Storia) che essa percepì come le spire multiple di un assassinio interminabile. E oggi l'ultimo assassinato era il suo bastarduccio Useppe. Tutta la Storia e le nazioni della terra s'erano concordate a questo fine: la strage del bambinello Useppe Ramundo. Essa riapprodò nella camera e si sedette sulla sedia vicino al sommier, in compagnia di Bella, a guardare il pischelletto. Ormai, sotto le palpebre schiacciate, gli occhi sembravano infossarglisi nella testa, sempre più a ogni momento che passava; ma pure, fra i suoi ciuffetti in disordine, si riconosceva ancora quel suo unico ciuffetto centrale, che non voleva mai riavviarsi con gli altri e stava lì nel mezzo, dritto... Ida prese a lagnarsi con una voce bassissima, bestiale: non voleva più appartenere alla specie umana.

Dicevo che c'è una stretta relazione fra la bambina che si è state e la madre che si diventa. Ma anche che si decide di non diventare. Siamo figlie di una tradizione che ha tentato di uniformarci a convinzioni di questo tipo: «le cuoche che non sanno leggere fanno la zuppa migliore», oppure: «la prima educazione dei bambini, necessariamente affidata alla madre, soffre quando la madre è distolta dai propri doveri da manie intellettuali». Sono perle di un autore scritte a inizio Ottocento, Sylvain Maréchal (un illuminista!). Nel libretto dal titolo che è tutto un programma, *Progetto di legge per vietare alle donne di imparare a leggere*, si sostiene che tutto ciò è per il *bene della società* (il corsivo è mio). E a corredo della sua proposta Maréchal aggiunge un aneddoto edificante:

> Una donna brillante, autrice di cinque o sei grossi volumi, andò a trovare una madre di tre femmine e tre maschi:
>
> Queste (disse la madre di famiglia presentando il marito e i figli alla scrittrice) sono le mie opere, la mia biblioteca.

Diventa più chiara, allora, l'intenzione di Simone de Beauvoir quando affermò a chiare lettere, in un'intervista apparsa sul «Nouvel Observateur» il 14 febbraio del 1972:

> Ho avuto molta fortuna. Sono sfuggita alla maggior parte delle schiavitù femminili: quelle della maternità, quelle della vita domestica.
>
> [...] Le donne saranno liberate soltanto quando saranno liberate dai bambini e quando, di conseguenza, i bambini saranno liberati, fino a un certo punto, dagli adulti.

Di conseguenza consiglia (facendo di se stessa un modello):

La prima cosa è lavorare. Se possibile, rifiutare il matrimonio.

Il matrimonio lo rifiuta Sibylla, la protagonista dell'originalissimo *L'ultimo samurai* dell'americana Helen DeWitt. Sib, infatti, è una ragazza-madre che un giorno resta turbata da quanto legge sul giornale: «In assenza di una figura maschile realmente disponibile, nell'allevare suo figlio la madre single affronta una strada tutta in salita. È essenziale che fornisca al ragazzino dei modelli maschili – vicini, zii, amici di famiglia – con cui condividere interessi e hobby». E siccome lei non conosce maschi all'altezza, decide di far vedere una volta a settimana al figlioletto Ludo *I sette samurai* di Kurosawa perché, riflette, «se L ha bisogno di un modello maschile lasciamo che veda *I sette samurai* e ne avrà 8». Così Ludo, che è un bambino geniale, imposta la sua vita sul codice dei samurai, e parte alla ricerca del padre, la cui identità la madre non vuole rivelargli. Quando lo trova rimane deluso, ma siccome «un buon samurai parerà il colpo», decide di scegliersi come padre il migliore di tutti i maschi, quello in grado di superare "la prova" da lui preparata. Intanto Sib lo educa a modo suo. Gli legge i libri che le piacciono, da *Zanna Bianca* all'*Odissea*, gli spiega i numeri perché hanno il vantaggio che non se ne resta mai a corto, e gli propone un patto: Ludo dovrà scegliere ogni giorno cinque parole che non conosce, in modo che Sibylla possa spiegargliele. E – su pressante richiesta del figlio che ha una prodigiosa predisposizione per le lingue – gli insegna il giapponese, perché Ludo possa vedere i film di Kurosawa in originale!

In un fuoco di fila di situazioni paradossali, Helen DeWitt tratteggia un rapporto madre-figlio fuori dagli schemi, irresistibile e toccante, in cui la normalità si capovolge e gli insegnamenti materni (vale a dire: le passioni della madre) contagiano il figlio, che la supererà e stupirà, diventando lui, in qualche modo, il maestro. Difficile estrapolare qualcosa per una citazione. La scrittura di Helen DeWitt è un fuoco di fila d'invenzioni legate una all'altra. Provo con questo brano in cui Sib riflette sul nome da dare al nascituro.

Quando ero incinta pensavo sempre a nomi affascinanti, come Asdrubale, Isambard Kingdom e Thelonious, e Rabindranath, e Dario Serse, e Amédée e Fabius Cunctator. Asdrubale era il fratello di Annibale, il generale cartaginese che attraversò le Alpi con elefanti nel III secolo a. C. per muovere guerra a Roma, Isambard Kingdom Brunel era un ingegnere inglese di genio del XIX secolo, Thelonious Monk era un pianista jazz di genio; Rabindranath Tagore era un poliedrico genio bengalese; Dario era un re persiano, come Serse; Amédée è il nome di battesimo del nonno del narratore nella *Recherche du temps perdu*, e Fabius Cunctator era un generale romano che salvò la repubblica da Annibale procrastinando. Avevano tutti nomi effettivamente da non dare a un bambino [...] Quando arrivai a casa fu assolutamente evidente che in realtà il suo nome era Ludovic.

Non simbiotico, ma certamente complice, è il rapporto che ha avuto Alba de Céspedes con il figlio, anche in questo caso unico e maschio. In occasione di una mia intervista, questo è stato il suo racconto:

Abbiamo rapporti bellissimi, molto poco tradizionali. Siamo due amici più che una madre e un figlio. È stato sempre così; la differenza d'età è talmente piccola! Quando mi viene a trovare passiamo intere notti a chiacchierare fitto fitto e quando non ci vediamo mi telefona ogni due, tre giorni. Litighiamo sempre e soltanto per la politica. È un reazionario terribile: può immaginare, un uomo d'affari che vive in Svizzera... Sì, litighiamo moltissimo per la politica.

Ho un aneddoto divertente da raccontarle per farle capire che tipo di rapporto c'è fra me e mio figlio: una volta eravamo insieme al ristorante e come al solito parlavamo fra noi fitto fitto. A un certo punto si è avvicinato il cameriere e gli ha sussurrato qualcosa all'orecchio. Mio figlio si è messo a ridere e ha detto: «Può parlare forte! Sono con mia madre!». Sa cosa gli aveva bisbigliato il cameriere? «Signore, c'è sua moglie al telefono».

Una complicità del genere sembra meno comune quando la figlia è femmina. Penso al teso rapporto di amore-odio che lega Amy e Isabelle, una figlia e una madre protagoniste di un noto romanzo di Elizabeth Strout, tensione che comincerà a sciogliersi solo dopo uno scontro aperto e violento in cui esplodono gelosie e sensi di colpa, paura della solitudine e di non essere amate:

In Isabelle si stava facendo strada sempre più – era un lento sforzo, mentre guardava il viso pallido della figlia, quegli occhi rivolti altrove – la sensazione che quella ragazza stesse vivendo da tempo una vita completamente separata dalla sua, la sensazione che sua figlia fosse sorprendentemente diversa da quella che lei aveva immaginato, che a quella ragazza *lei non piacesse neppure.* («Tu non leggi niente, tranne quello stupido "Reader's Digest"»). Quello che accadde dopo fu qualcosa di cui Isabelle parlò una volta soltanto, anni dopo, quando la sua vita era molto cambiata. Amy invece, negli anni a venire, da adulta, ne avrebbe parlato con parecchie persone, prima di rendersi conto, alla fine, che era solo una storia come tante altre e che in fondo non interessava a nessuno.

Ma per loro, per Amy e Isabelle, aveva un'importanza cruciale, e anche se col tempo ne avrebbero dimenticato certe parti e ne avrebbero ricordate altre in modi diversi, entrambe ricordavano e avrebbero sempre ricordato certi momenti della scena. Quello in cui, per esempio, Isabelle aveva cominciato a tirare i cuscini del divano in giro per la stanza urlando che questo animale, questo Robertson, non era altro che un maledetto pappone. Uno dei cuscini aveva fatto cadere una lampada, la lampadina si era frantumata in mille pezzi sul pavimento e Amy aveva cominciato a strillare «Mamma!»: una bambina terrorizzata.

Lo strillo aveva portato con sé un ricordo improvviso: Amy da piccola, una bambina dai riccioli biondi seduta in macchina accanto a Isabelle mentre la portava ogni mattina a casa di Esther Hatch. «Mamma» diceva Amy certe volte con voce lagnosa, cercando di prenderle la mano.

Questo ricordo era straziante, ora, e anche se una parte di Isabelle voleva accorrere al fianco di quella bambina sedicenne alta e pallida, quello che fece fu, al contrario, sbattere forte una mano sul dorso del divano; si fece male e gridò istintivamente: «*Per Dio!*».

E penso alla dissacrante Elfriede Jelinek e al suo *La pianista*, al micidiale controllo che in questo romanzo la madre esercita sulla figlia, Erika, fino a soffocarne e distorcerne la sessualità.

La madre vede nella figlia il germe velenoso di un conflitto generazionale che avrà termine solo se la bambina rifletterà bene sull'enorme debito che ha nei suoi confronti. La madre non contava più d'essere scaricata in quel modo, data l'età raggiunta nel frattempo anche dalla sua Erika. Si è illusa di farcela ad arrivare fino all'ultima ripresa, fino alla morte. Finché risuona il grande gong. Forse non sopravviverà alla sua bambina, ma fintanto che vivrà, resterà sempre superiore a lei. La figlia non è più in un'età in cui possano presentarsi ancora spiacevoli sorprese da parte di un uomo. E invece eccolo qui l'uomo, proprio quando ormai credeva che la figlia se lo fosse levato dalla testa. Dopo aver fatto tanto per riuscire a distogliere la bambina da quel pensiero, adesso lui rispunta fuori intatto, come nuovo, e per di più in casa sua!

La madre si accascia senza fiato su una sedia della cucina, attorniata dalle rovine della cena. E chi è che deve raccogliere tutta quella roba se non lei stessa? Così almeno si distrae un po'. Stasera, davanti alla TV, non dirà neppure una parola a Erika. E semmai, le spiegherà che qualunque cosa faccia, una madre è sempre motivata dall'amore. Le dichiarerà il proprio amore e lo addurrà a scusa di eventuali errori. Citerà a questo proposito Dio e altre autorità che hanno tenuto alta la bandiera dell'amore, mai di quello egoistico, però, com'è l'amore che cova nell'animo di questo giovanotto.

Erika prova, attraverso una distorta attrazione per il "giovanotto", a sottrarsi alla madre e alla sua gelosia possessiva. Ma inutilmente, come racconta questa scena di scioccante, autopunitivo masochismo:

Si punge con degli spilli che hanno capocchie in plastica di vari colori, ogni spillo ha la sua capocchia di un colore particolare. La maggior parte cade subito a terra. Erika non ha il coraggio di conficcarli sotto le unghie, teme il dolore. Minuscoli tappeti fioriti di sangue compaiono presto sul prato della sua pelle. La donna piange disperata ed è sola con se stessa. Dopo un po' smette e si piazza davanti allo specchio. La sua immagine s'incunea nel cervello con parole di scherno e di minaccia. È un'immagine variopinta, in fondo anche allegra, se non fosse che la situazione è così triste. Erika è completamente sola. La madre, ancora una volta, dorme un sonno profondo, dopo aver bevuto troppo liquore. Se guardandosi allo specchio Erika scopre un punto del corpo rimasto intatto, subito prende un'altra molletta o uno spillo e continua a piangere. Si appende addosso quegli arnesi, li conficca nella propria carne. Le lacrime le scorrono giù sul viso e lei è completamente sola.

Dopo molto tempo Erika tira via gli spilli e le mollette di propria mano e li ripone con ordine nei loro contenitori. Il dolore si placa, le lacrime man mano si asciugano.

Erika Kohut torna dalla madre e pone fine alla propria solitudine.

La madre ha vinto.

Tutt'altra esperienza, invece, quella di Colette. Non solo era figlia di una donna che aveva sempre saputo incoraggiarla.

Era anche figlia di un grande amore, che durò fino alla morte, quello fra Sidonie e il suo secondo marito, Jules Colette, ex capitano che aveva perso una gamba in guerra, un uomo dal carattere mite e gregario. Scrive Colette in *Sido*:

> Per me fu un bene conoscere e richiamare ogni tanto alla memoria quell'immagine perfetta dell'amore: la testa di un uomo già vecchio che si curvava a baciare una piccola mano di massaia, aggraziata e rugosa.

Non fu mai a suo agio nei panni di madre. Si era sempre sentita figlia, lei, un'eterna ragazza. Quando non più giovane si ritrova incinta, la prende male. E annota in *La stella del vespro*:

> Un figlio tardivo (avevo quarant'anni), mi ricordo di aver accolto la certezza della sua presenza con una diffidenza ponderata, cioè tacendola. Era di me stessa che diffidavo. Non si trattava di una preoccupazione fisica. Temevo la mia maturità, la mia possibile inettitudine ad amare, a comprendere, a farmi pervadere. L'amore (lo pensavo davvero) mi aveva già fatto molti torti, accaparrandomi da vent'anni al suo servizio esclusivo.
>
> E non è né bello né buono accogliere un bambino riflettendo.

La sua, le dice un amico, è «una gravidanza da uomo». E infatti lei si rifiuta di ricamare bavaglini, lavorare a maglia, cucire camiciole.

> Quando cercavo di figurarmi la mia creatura, la immaginavo nuda e non agghindata. Si accontentò alla fine di un sobrio e pratico corredino inglese, senza pizzi arricciati, senza nidi d'ape, e comprato – per superstizione – all'ultimo momento.

È proprio la gravidanza "da uomo" a salvarla, secondo Colette, dal diventare «un autore mediocre» nell'antica preoccupazione di una donna artista di essere fagocitata dalla banalità dei doveri femminili.

Il vecchio ragazzo di quarant'anni che c'era sotto la donna ancora giovane che ero badò alla salvezza di una parte di me forse preziosa.

Prende prontamente una balia, assume un'istitutrice inglese, si appoggia a una nonna disponibile. Sua figlia cresce bella e intelligente, ribelle e scontrosa. Da grande si scopre lesbica, ma lo tiene nascosto alla madre temendo la sua disapprovazione e arrivando persino a sposarsi (il matrimonio – occorre dirlo? – andò subito a rotoli).

Secondo Marina Cvetaeva, madre (assai manchevole per altro) di tre figli, a minare le coppie di donne c'è proprio il recondito desiderio di maternità che ogni animo femminile custodisce. In una celebre violentissima *Lettera all'Amazzone* che la poetessa (anche lei non estranea ad amori lesbici) scrisse a Natalie Clifford Barney la tesi è che il non poter avere figli sia il punto debole «nell'entità perfetta che sono due donne»:

ciò che l'altra vuole non è essere amata in quanto bambina, vuole un bambino da amare.

E quella che ha cominciato a non voler bambini da *lui*, finirà col volere un bambino da *lei*. E proprio perché questo è impossibile un giorno se ne andrà, innamorata ma braccata dalla gelosia lucida e impotente dell'altra – è per questo, inoltre, che un giorno farà naufragio e si ritroverà come un relitto nelle braccia del primo venuto. [...] E quella che ha cominciato con il volere un bambino da lei finirà con il volere un bambino da chiunque: da quello stesso lui aborrito. Il lui persecutore diviene il salvatore. L'Amica – la Nemica. E il vento ritorna su se stesso.

La Clifford Barney, omosessuale convinta e grande seduttrice, che non contemplava la maternità nel suo destino, non replicò mai nulla, che si sappia, a queste argomentazioni.

A volte, invece, a mettersi di traverso nella delicata relazione fra madri-scrittrici e figli è la letteratura. Lalla Romano si guadagnò la duratura ostilità del suo unico figlio perché aveva dedicato un romanzo ai loro difficili rapporti. Era *Le parole tra noi leggere*, che vinse il premio Strega nel 1969, in piena contestazione studentesca.

Io gli giro intorno: con circospezione, con impazienza, con rabbia. Adesso gli giro intorno; un tempo lo assalivo. Ma anche adesso ogni tanto – raramente – sbotto. Allora lui mi guarda con la sua famosa calma e dice: – Tu mi manchi di rispetto!

La mia collera di ora deve essere un residuo delle antiche battaglie, quando io reagivo come se lui fosse una parte di me che tradiva se stessa e dunque mi tradiva. Ai miei assalti e assedi ormai più che altro ammirativi, lui oppone freddezza, noia e perfino gentilezza (distratta). Ma soprattutto io non rinunzio a tentare di conoscerlo, discorsivamente voglio dire. So bene che le domande sono un sistema sbagliato; ma ci ricasco. Lui è seduto davanti a me, immerso in un libro (magari un fumetto). Io provo a incominciare un discorso, e per di più su temi generali. Senza alzare il capo risponde: – Non so.

In un'intervista che le feci nel 1984, a una domanda sulla sua complicata storia di madre mi rispose così:

È un rapporto difficile tuttora. Però col tempo ho imparato a rispettare mio figlio di più. Quando si ama troppo, è difficile rispettare. Da parte sua, oggi, c'è nei miei confronti una maggiore disponibilità. Ma lo stesso, quando fra genitori e figli non si fanno commedie, i rapporti non sono facili. Era un tipico sessantottino contestatore a oltranza. Per fare un esempio del suo carattere ironico, quando si è separato dalla moglie ha commentato: «Adesso mia madre scriverà un nuovo best-seller dal titolo *Le parole tra loro pesanti*».

Scrivere può essere la sostituzione di una maternità che la vita ha negato. Ne parla Goliarda Sapienza in *Le certezze del dubbio*, ultima tappa del cosiddetto "ciclo di Rebibbia", il carcere romano dove fu detenuta. Un'esperienza breve ma decisiva, carica per lei di conseguenze personali e sociali. Aveva commesso un furto in casa di un'amica ricca, per provocazione, per rabbia, per vendetta. Scrivere l'aiuterà. Quella letteraria è una forma di maternità metaforica, forse meno misteriosa delle altre, e che anche i maschi possono permettersi.

Questo Roberta voleva da me? Rinascere letterariamente, personaggio che vive in un libro? Uno smarrimento nuovo ora mi prende. Riuscirò io, privata dalla natura malvagia della gioia di partorire, riuscirò io a forgiare dentro di me quel piccolo bozzo informe di carne in una bambina se non bella né buona, almeno non deforme o mancante di qualche arto? Ecco l'ancestrale terrore che tutte le donne provano ogni qualvolta sentono crescere un essere in sé...

Sarò in grado di superare questo terrore, e prendendo carta e penna accingermi a questo travaglio carnale e mentale che per mesi e mesi dovrò affrontare ogni mattina e forse ogni ora? Non lo so, mi tocca buttarmi nel vuoto riandando a lei, ricercandola, ingravidandomi della sua immagine e maturarmela dentro, nutrendola costantemente finché finalmente modellata possa uscire dal buio alla luce: Roberta, figlia mia.

Non credo che uno scrittore – un uomo scrittore intendo – potrebbe mai scegliere, fra le tante parole possibili per esprimere un suo rapporto materno con i personaggi, quelle grondanti carnalità e placenta e paura dell'imperfezione che usa Goliarda in questo passo.

Figli (e madri)

Non so se nei libri delle donne si contano più madri o più padri, ma certo le madri (viste dai figli, in particolare dalle figlie) sono presenze inquiete, fonte di rabbia e solitudine, bersagli d'odio spesso indistinguibile dall'amore. Per esserci, esserci state, non esserci, esserci troppo, essere morte.

Quand'ero piccola trascorrevo il tempo delle sue assenze ad aspettarla in cucina, dietro i vetri della finestra. Smaniavo perché riapparisse in fondo alla via come una figura in una sfera di cristallo. Respiravo sul vetro appannandolo, per non vedere la strada senza di lei. Se tardava, l'ansia diventava così incontenibile che debordava in tremiti del corpo. Allora scappavo in un ripostiglio senza finestre e senza luce elettrica, proprio accanto alla camera sua e di mio padre. Chiudevo la porta e me ne stavo al buio, a piangere in silenzio. Lo stanzino era un antidoto efficace. Mi ispirava un terrore che teneva a bada l'ansia per la sorte di mia madre. Nel buio pesto, soffocante per il ddt, ero aggredita da forme colorate che mi lambivano per pochi secondi le pupille lasciandomi senza fiato. «Quando torni, ti ucciderò» pensavo, come se fosse stata lei a lasciarmi nello stanzino.

A parlare è Delia, la protagonista de *L'amore molesto* di Elena Ferrante, che brama l'amore di sua madre, non sopporta la sua assenza fino a sentirsi male, fino a odiarla. Perché l'amore per le madri che non ci amano come vorremmo, nel modo appassionato ed esclusivo che un bambino desidera, fa presto a trasformarsi nel suo contrario:

> Amavo Caserta con l'intensità con cui mi ero immaginata che l'amasse mia madre. E lo detestavo, perché la fantasia di quell'amore segreto era talmente vivida e concreta, che sentivo che non avrei mai potuto essere amata allo stesso modo: non da lui, ma da lei, da Amalia. Caserta si era preso tutto quello che spettava a me. [...] Ero lì, raggomitolata sulla soglia di tormentate fantasie, per incontrare Caserta e dirgli che non avevo mai voluto nuocergli. Non m'interessava più la storia fra lui e mia madre: desideravo solo confessare ad alta voce che, allora e dopo, avevo odiato non lui, forse nemmeno mio padre: soltanto Amalia. Era a lei che volevo fare del male. Perché mi aveva lasciata nel mondo a giocare da sola con le parole della menzogna, senza misura, senza verità.

La gelosia divorante, l'amore che si tramuta in vendetta. Irène Némirovsky in un luminoso racconto, *Il ballo*, descrive una scena indimenticabile di vendetta da parte di una figlia. La quattordicenne Antoinette, che si sente continuamente disprezzata dalla madre e incompresa ed esclusa, ha per caso l'occasione di fargliela pagare duramente. Una domestica, che ha di meglio da fare, le mette in mano gli inviti alla grandiosa festa che sua madre sta preparando da giorni con un'eccitazione che irrita la ragazzina. Antoinette, invece di spedirli, li distrugge e alla festa non si presenterà nessuno, con devastante umiliazione per la padrona di casa.

> Le cacciò il pacchetto in mano e si allontanò precipitosamente. Antoinette la vide fermarsi in mezzo al ponte e aspettare il ragazzo a testa china. Si appoggiarono contro il parapetto.
>
> Antoinette non si era mossa. Per via dell'oscurità scorgeva soltanto due ombre confuse, e tutt'intorno la Senna nera e piena di

riflessi. Anche quando si baciarono, intuì più che vedere i due visi avvicinarsi e quasi ricadere mollemente l'uno contro l'altro; si torse con violenza le mani, come una donna gelosa... Nel fare quel gesto, le scivolò a terra una busta. Ebbe paura e si affrettò a raccoglierla, ma nello stesso istante si vergognò della sua paura: che sciocca, sempre a tremare come una bambina! Non era degna di essere una donna. E quei due là che continuavano a baciarsi... Non avevano ancora staccato le labbra... Una specie di vertigine s'impossessò di lei, un bisogno selvaggio di commettere una bravata, di fare del male. Serrando i denti, prese le buste, le accartocciò fra le mani, le lacerò e le buttò tutte insieme nella Senna. Per un lungo istante, trattenendo il respiro, le guardò svolazzare contro l'arcata del ponte. Alla fine il vento le trascinò nell'acqua.

Nel 1956 uscì *Cioccolata a colazione*, della diciottenne Pamela Moore, romanzo che suscitò immediatamente grande scandalo perché raccontava la vita sessuale dei teenager americani. Solo dopo la morte dell'autrice, che si suicidò ventisettenne, e dopo la lettura "femminista" del libro, se n'è colta l'importanza come romanzo di formazione al femminile, in cui un tema decisivo è quello del conflitto fra la giovanissima protagonista, Courtney, e la madre Sondra.

Miss Rosen era la prima donna di cui Courtney si fosse fidata da quando, all'età di sei anni, aveva smesso di confidarsi con sua madre.

«Non riusciamo a comunicare, punto. Lei non mi conosce davvero e ogni volta che mi vede durante le vacanze la situazione peggiora. Io mi confiderei, se solo potessi» proseguì, «ma il fatto è che con le donne non si può parlare. Non usano il cervello in modo lineare come noi. Quando provo a dire qualcosa, loro prendono il volo e finiscono su un argomento secondario solo vagamente attinente. Questa cosa mi manda in bestia».

«E tu non ti consideri una donna?» disse Miss Rosen, divertita.

«No, direi di no» rispose Courtney dopo averci pensato su.

«Non ragiono allo stesso modo. Gli uomini mi dicono sempre che io penso come un uomo. Sarebbe tutto più facile se lo fossi davvero, immagino. O forse no. Probabilmente continuerei a disprezzare le donne. Per non parlare del fatto che sarei una checca, bel pasticcio».

In un paragone fra *Cioccolata a colazione* e *Bonjour tristesse*, pubblicato con strepitoso successo pochi anni prima, Elisabetta Rasy nota, in una postfazione a una recente riedizione della Moore:

> Indicativa è la costellazione edipica che i due romanzi mettono in scena: come da copione patriarcale, la figura cui fa riferimento la francese Cécile è suo padre Raymond, e la trama è un sofisticato e crudele jeu de dames; per l'americana Courtney il genitore con cui confliggere è invece la madre Sondra: è il modello verso cui la ragazza si sente attratta e da cui vuole differenziarsi. È lì, in una lunga e apparentemente immodificabile tradizione femminile di madre in figlia, che si annida il germe della sofferenza e la voglia di rivolta e di cambiamento.

Grande anche il conflitto di Marguerite Duras con sua madre, che da piccola amava disperatamente e dalla quale non si sentiva altrettanto amata. Aveva un bisogno simbiotico del suo corpo, di tenerla per mano, di abbracciarla. Marie si sentiva soffocata, e spaventata, dall'irruenza della figlia quando si stringeva contro il suo ventre e non voleva lasciarla andare. C'è un'immagine che dice tutto: per liberarsi dalla stretta di Marguerite, Marie le afferra le trecce e gliele tira fino a farle male. Dice tutto: il bisogno simbiotico della bambina, il bisogno di libertà di sua madre. Un amore che col tempo si trasforma in risentimento e che, in letteratura, diventa ossessione. Nei libri di Duras la presenza di Marie è pervasiva, mitizzata o degradata. La madre rivive in lei, si camuffa nei suoi tanti amanti. In *Una diga sul Pacifico* Marguerite Duras è una figlia che guarda, giudica e descrive una madre sognatrice votata al fallimento:

> La madre non aveva consultato un tecnico per sapere se la costruzione della diga sarebbe stata efficace. Ella lo credeva, ne era sicura. Sempre agiva così obbedendo a un senso d'evidenza e a una logica in cui nessuno aveva parte. [...] Centinaia di ettari di risaie sarebbero stati sottratti alle maree. Tutti sarebbero diventati ricchi, o quasi. I bambini non sarebbero più morti. Avrebbero avuto dei medici.

Nella realtà quella madre, la madre di Duras, Marie Donnadieu, uscì vincente dalla sua impresa e non perdonò mai la figlia di averla descritta in quel modo, come una perdente e una poveraccia:

> Lei aveva l'aria stanca. Portava una di quelle vesti indescrivibili, informi, che aveva cominciato allora a mettersi, specie di vestaglie larghissime, nelle quali galleggiava come un relitto.

Difficile, distante, al limite della cancellazione il rapporto con la madre che Nathalie Sarraute ha raccontato in *Infanzia*. Figlia di genitori divorziati, e cresciuta soprattutto col padre, risposato e padre di un'altra bambina, la piccola Nathalie prova sentimenti di estraneità verso entrambe le figure, ma soprattutto verso la madre (russa), che non vede per anni. Quando finalmente lei viene a trovarla, la scrittrice descrive l'incontro con una distanza che ai fragili sentimenti infantili che provava avrebbe voluto suonare indifferenza:

> Busso alla porta, sento: «Entrate!» e di colpo niente mi è più familiare di quella voce... grave, appena un poco rauca, e anche di quella pronuncia in cui soltanto le «r» e una certa intonazione rivelano l'accento russo.

Mi sembra che non l'avrei riconosciuta se l'avessi incontrata per caso [...]

È semisdraiata sul letto e io sono seduta su una sedia davanti a lei, fa molto caldo, s'è abbassata la vestaglia sulle spalle, un poco troppo, s'è denudata eccessivamente, e questo mi scandalizza un poco, e poi ricordo che cose del genere laggiù, in Russia, non scandalizzano come qui... ci rivedo tutt'e due nude, tra altri corpi nudi di donne e bambini che ci muoviamo in un denso vapore a Pietroburgo, quando andavo con lei alla «banja».

Restiamo una di fronte all'altra, ci guardiamo, non so cosa dire e vedo che mammà non sa affatto cosa dire neppure lei...

A volte le madri mentono e questo le figlie non lo sopportano. Annie Ernaux aveva una decina d'anni quando scoprì, spiando una conversazione di sua madre, l'esistenza di una sorella, nata prima di lei e morta prima che lei nascesse. Era un segreto di famiglia. È il tema de *L'altra figlia*.

Del suo racconto riesco a restituire soltanto la sostanza, e quelle frasi che hanno attraversato gli anni fino a oggi, che si sono propagate in un istante su tutta la mia vita di bambina come una fiamma muta e senza calore, mentre io continuavo a danzare e volteggiare lì vicino, a testa bassa per non destare sospetti. [...]

dice *non è come perdere il proprio uomo*
di me dice *lei non sa niente, non abbiamo voluto rattristarla*
Alla fine di te dice *era più buona di quella lì*
Quella lì, sono io.

Il tempo passa, l'autrice è ormai una donna, ma il non detto fra madre e figlia resiste.

Abbiamo mantenuto la finzione al di là di ogni verosimiglianza.

Nel giugno 1967 la bara di mio padre è stata calata nella fossa aperta proprio accanto alla tua tomba. Lei e io abbiamo finto di ignorarla. L'estate successiva, mentre ero in vacanza da lei, sono andata a portare alla tomba di mio padre dei fiori colti nel giardino. Dal momento che lei non mi aveva detto niente sulla tua non ne ho messi.

E in questo non portare fiori alla sorella c'è sotterranea una punizione per la madre bugiarda.

La memoria corre a «la carognata di mia madre», secondo l'espressione di Marie Cardinal in *Le parole per dirlo*. La «carognata» non consiste tanto nel fatto di aver desiderato di abortirla provandoci in tutti i modi, quanto nell'averglielo confessato quando lei era ormai già quattordicenne. Le ci vorranno, da grande, sette anni di psicanalisi tre volte alla settimana per liberarsi della devastante, malata svalutazione di sé conseguente a quell'iniziale inaccettabile rifiuto. Sette anni e un libro coraggiosamente sincero:

Ma forse ogni mio movimento le ricordava l'odioso accoppiamento di cui ero il frutto? La passione dell'odio? La repulsione?

Allora saltava sulla sua bicicletta, e via nei campi di erbacce, tra le immondizie. Sei ben sballottata là dentro, bambina? Sta' a vedere pesciolino mio, come ti romperò la schiena. Ma cosa aspetti a smammare, a toglierti dai piedi?

Saltava in groppa al suo ronzino e oplà! Li senti bene i colpi nel tuo corpicino schifoso? Tesoruccio bello! Hai visto che belle tempeste provocano le mamme per spaccare in due i piccoli sottomarini? Hai visto quante belle onde per soffocare i piccoli pescatori subacquei? Pussa via, bestiaccia, via!

Ti muovi ancora? Ci penso io a calmarti. Chinino, aspirina. Coccola, cocca mia, cuccioletta, bevi carina, bevi il buon veleno. Vedrai come ti divertirai lungo il taboga del mio culo quando sarai marcia, uccisa dalle droghe. A morte, a morte!

Eppoi alla fine, impotente, rassegnata, vinta, delusa, mi aveva mollata viva al mondo, come si molla uno stronzo.

Eppure poi conclude con parole di riconciliazione:

Oggi non considero più «la carognata di mia madre» una carognata. È una tappa importante della mia vita. So perché questa donna lo ha fatto. Ora la capisco.

Il motivo della «carognata» da parte di una madre, che tenta di abortire un figlio che poi nascerà comunque, si ritrova in *Mio fratello* di Jamaica Kincaid, nella scena che vede la scrittrice al capezzale del giovane fratello malato di tumore:

In un mio romanzo aveva letto di una madre che aveva cercato, continuamente cercato senza riuscirvi, di abortire il terzo e ultimo dei suoi tre figli maschi. E quando era ormai prossimo alla morte, mi chiese se quella madre fosse sua madre e se quel piccino fosse lui («*Ah me de trow 'way pickney*»); per tutta risposta feci una bella risata, Ah! Ah!, e poi dissi no, il libro che aveva letto era un romanzo, un romanzo è frutto della fantasia; non mi disse che non mi credeva e io non gli dissi che non doveva credermi.

Il perdono è postumo. Dopo la vita, dopo la morte, viene il tempo della comprensione. Scrive Duras nell'*Amante*:

Ho avuto in sorte una madre dominata da una disperazione totale, dalla quale nemmeno i rari momenti felici della vita riuscivano a distoglierla.

Nel ricordo affiora lo struggimento, la nostalgia:

Qualche volta a Vinhlong, mia madre quando era triste faceva attaccare il *tilbury* e si andava per la campagna a vedere la notte della stagione asciutta. Ho avuto la fortuna di avere una simile madre, per quelle notti. La luce cadeva dal cielo a cataratte di pura trasparenza, in trombe di silenzio e di immobilità.

Le figlie perdonano le madri perché è un modo per perdonare se stesse, le perdonano di chiedere loro troppo, come faceva la madre di Sylvia Plath che la voleva perfetta e affermata nella vita, o di preferire i figli maschi come la madre di Duras, o di essere prese da altro invece di amare perdutamente e in modo esclusivo le loro bambine insaziabili.

C'era una volta uno specchio dove io mirandomi, potevo innamorarmi di me stesso: erano i tuoi occhi, Aracoeli, che m'incoronavano re di bellezza nelle loro piccole pozze incantate. E questo fu il miraggio che tu mi fabbricasti all'origine, proiettandolo in tutti i miei Sahara futuri, di là dai tuoi orrori e dalla tua morte.

A parlare così è Manuele, che da piccolo è stato amato d'amore esclusivo, totale, avvolgente da sua madre Aracoeli, protagonista dell'omonimo romanzo, e poi abbandonato perché lei lo rifiuta per inseguire una vita dominata dal desiderio, fino all'abbandono definitivo, quando muore. Tornerà solo come fantasma per fornire al figlio, che la interroga, un estremo disperante insegnamento:

«Mama! Mama!»
«Sono io – mi vedi?»
(In verità, scorgo – o pretendo scorgere – appena una sorta di minuscolo sacco d'ombra. La voce, strappata, mista di risa cortissime, somiglia a un rantolo futile di animale).
«Sì. Mi hai sentito?»
«Sì. Ma che fatica raggiungerti – raccattare quell'ultimo infimo residuo d'energia viva nella mia poca polvere – e produrla in questa forma senza forma – che poi dovrò pagarla – ogni forma è una merce che costa».
«Pagherò io per te, mama».
«Nada nada – e trasportarmi a questa distanza. Ma tu dove vai».
«Manca molto, ancora, per El Almendral?»

[...]

«Quale lingua parli – non ti capisco – ma che devi dirmi – affrettati – è già tardi».

(Dunque lei pure, come Ceneretola) «Volevo dirti che tutto mi fa paura»

«E più di tutto, che?»

«Aver peccato».

«Tu? E dove hai peccato tu povero niño?»

«Dovunque ho peccato. Nelle intenzioni e nei fini e negli atti ma peggio di tutto nell'intelligenza. L'intelligenza si dà per capire. E a me si è data, ma io non capisco niente. E non ho mai capito e non capirò mai niente».

«Ma, niño mio ciquito, non c'è niente da capire».

La sento che manda un riso tenero. E questo è l'addio. Vedo il sacchetto d'ombra afflosciarsi e sciogliersi nel vuoto.

«Non c'è niente da capire»! E a dirlo è lei, la Madre, strumento e causa del venire al mondo. In un saggio introduttivo al Beato Angelico, del 1970, Morante aveva definito «croce materna» la cacciata dal limbo attraverso la nascita «che inchioda noi tutti». L'intera sua opera è in fondo drammatizzazione di quell'evento iniziale al limite del dicibile. «Vivere significa: l'esperienza della separazione», scrive Elsa in un'altra pagina di *Aracoeli*. In tante variazioni possibili, attraverso differenti incarnazioni della maternità, sempre si torna a quella ferita iniziale e iniziatica. Che il rapporto madre-figlio sia appassionato o carico d'incomprensioni, il risultato non cambia: l'esistenza è comunque un'illusione destinata a velare provvisoriamente la verità della morte. Le madri morantiane sono a loro volta figlie beffate di altre tragiche madri, vivono tutte drammaticamente il misterioso segreto dell'ambiguo potere generativo. Si oppongono, folli di dolore, alla morte delle loro creature – come donna Concetta in *Menzogna e sortilegio*, come Ida Ramundo nella *Storia* – oppure trasgrediscono al ruolo con la violenta ribellione di Medee e tormentano e distruggono i discendenti – come Cesira e Anna in *Menzogna e sortilegio*, come «La nonna» d'un racconto di *Scialle andaluso*... –, quando non abbandonano subito l'impresa morendo nel dare la vita, come la madre di Arturo nella sua *Isola*. Aracoeli le riassume tutte, idealizzata fin dal settenario dell'incipit, che ha la forza evocativa del «Chiamatemi Ishmael» di Melville:

> Mia madre era andalusa.

L'andalusa Aracoeli è prima madre-fata adorante e adorata, poi madre-strega che nuoce e ferisce la sua creatura, infine madre-morta che lo abbandona per sempre. Quando compare come spettro nella fantasia alterata di Manuele, l'eco lontana dell'illusione infantile (essere amati, protetti, al sicuro nel ventre e poi fra le braccia di una madre) risuona nello spazio nudo e freddo della morte.

Non fu figlia di un matrimonio fortunato Elsa Morante, che di padri ne ebbe due: uno biologico e l'altro ufficiale. E con sua madre, Irma, i rapporti non furono idilliaci. Si scambiavano spesso insulti e un giorno una Elsa ancora adolescente, dopo un ennesimo diverbio, passò un biglietto sotto la porta della stanza in cui Irma si era rinchiusa, con su scritto «maledetta». Poi ci ripensò e ne scrisse un altro: «benedetta». L'aneddoto, raccontato dal fratello Marcello, dice dell'ambivalenza dei sentimenti provati dalla scrittrice verso Irma, che per parte sua l'adorava, la viziava e proiettava sulle doti letterarie della figlia il sogno naufragato di essere lei stessa una narratrice. Mentre il sogno naufragato di Elsa fu proprio quello – abortito – di generare.

La fascinosa Colette, l'irresistibile Colette aveva avuto una madre straordinaria, Sidonie, che l'adorava e nutriva fiducia nelle sue doti. Nel 1930 scrive un lungo racconto affettuoso che ha per titolo *Sido*, diminutivo del nome materno. Un vero e proprio monumento letterario alla regina della casa d'infanzia a Saint-Sauveur, in Borgogna, dove Colette è nata e cresciuta:

Parlava così, senza mai cercare le parole o deporre le armi: chiamo armi le sue due paia di occhiali, un coltellino tascabile, spesso una spazzola da abiti, le cesoie da giardiniere, un paio di guanti vecchi e a volte quello scettro di vimini coronato da una racchetta trilobata che va sotto il nome di battipanni, e serve a sferzare mobili e tende. Il carattere estroso di mia madre cedeva solo davanti alle date che in provincia si solennizzano con bucati, pulizie di fino e imbalsamazioni di pellicce e capi di lana. Lei, però, non stava volentieri né in fondo ai ripostigli né fra la lugubre polvere di canfora, invece della quale usava dei sigari tagliati a pezzetti, le grume delle pipe di schiuma di mio padre e certi grossi ragni che rinchiudeva negli armadi dove si annidavano le loro prede, le tignole d'argento.
Era una padrona di casa svelta e attiva, ma non puntigliosa; linda, ordinata ed esigente, era però lontana dalla mentalità maniacale e solitaria di chi conta i tovaglioli, le zollette di zucchero e le bottiglie piene. Quando sorvegliava, col panno di flanella in mano, la domestica che strofinava lentamente i vetri sorridendo al vicino, si lasciava sfuggire gridolini nervosi, invocazioni spazientite alla libertà.

L'adorazione per la madre, morta troppo presto e improvvisamente in un attentato, si ritrova in *Il cardellino* di Donna Tartt. L'incidente lascia inconsolabile il figlio tredicenne Theo Decker:

Fu come perdere l'unico punto di riferimento in grado di guidarmi verso un luogo più felice, verso un'esistenza più ricca di legami e più congeniale. La sua morte traccia una linea di demarcazione tra il Prima e il Dopo. E benché sia deprimente ammetterlo dopo tutti questi anni, non ho mai più incontrato nessuno in grado di farmi sentire tanto amato. In sua compagnia ogni cosa prendeva vita; emanava una luce incantata, simile a quella che vedevo a teatro, e il mondo attraverso i suoi occhi acquistava colori più vividi. Ricordo una cena a tarda sera, in un ristorante italiano del Village, qualche settimana prima che morisse; mi aveva afferrato il braccio di fronte all'inattesa, quasi dolorosa bellezza di una torta con le candeline accese portata in processione dalle cucine, il fievole cerchio di luce che avanzava tremolando lungo il soffitto scuro, poi la torta che calava a risplendere sulla famiglia, beatificando il volto di quell'anziana signora, e tutti intorno a sorridere mentre i camerieri arretravano con le mani dietro la schiena... Una tipica cena di compleanno, come tante a cui può capitare di assistere in uno qualunque dei locali alla mano della città. Sono certo che l'avrei dimenticata, se lei non fosse morta poco dopo; invece dalla sua morte non ho fatto che pensarci e ripensarci, e probabilmente continuerò a farlo per il resto della vita: quel cerchio di luce proiettato dalle candeline, un tableau vivant della quotidiana, banale felicità che avevo perso insieme con lei.

In *Autobiografia di mia madre*, della Kincaid, la protagonista Xuela parla invece di una madre che non ha mai conosciuto, scivolata via dal mondo senza nessuno a rimpiangerla.

Mia madre è morta nel momento in cui nascevo, e così per tutta la mia vita non c'è mai stato nulla fra me e l'eternità; alle mie spalle soffiava sempre un vento nero e desolato.

Non l'ha mai conosciuta, ma sa che lei è la parte più autentica della sua esistenza.

All'inizio della mia vita non avevo modo di sapere che sarebbe stato così; lo scoprii solo verso la metà della mia vita, proprio quando non ero più giovane e mi resi conto che avevo meno di certe cose che prima avevo in abbondanza, e più di quelle cose che non avevo avuto quasi affatto. E questa scoperta di una perdita e di un guadagno mi spinse a guardarmi indietro e avanti: al principio di me c'era questa donna dal viso che non avevo mai visto, ma alla fine di me non c'era niente, non c'era nessuno fra me e la stanza nera del mondo. Giunsi a pensare che per tutta la vita ero stata ritta sull'orlo di un precipizio, che quella perdita mi aveva reso vulnerabile, dura e senza difese; nel capire questo mi sentii sopraffatta dalla tristezza e dalla vergogna e dalla pietà per me stessa.

Il libro si conclude con una riflessione amara:

Questo racconto della mia vita è stato in egual misura anche un racconto della vita di mia madre [...]. Questo racconto è il racconto della persona alla quale non è mai stato permesso di essere e il racconto della persona che io non mi sono concessa di diventare.

Marguerite Yourcenar nelle conversazioni con Matthieu Galey nega di avere conti in sospeso con le figure dei genitori (del resto odiò sempre la psicanalisi, non ne voleva sentir parlare), nega soprattutto di aver avuto mai il problema di essere orfana, arrivando a ridimensionare il ruolo delle madri nella vita dei bambini:

Non ho mai visto una foto di mia madre per tutta l'infanzia. La prima, devo averla vista quando avevo forse trentacinque anni. E sono andata a visitare la sua tomba per la prima volta quando ne avevo cinquantacinque. Devo dire che mio padre era circondato di molte donne. Così, non è mai mancato chi mi facesse dei collettini di pizzo o mi regalasse dei dolci.

Allora Galey gentilmente insiste: «Era tuttavia un'infanzia di bambina solitaria». E lei risponde con una sorprendente "teoria":

C'è un fondo d'indifferenza nel bambino che è stato raramente descritto. Non so se le persone siano imbarazzate dalla sensazione di questa indifferenza; da parte mia ne sono molto colpita quando osservo i bambini: vivono nel loro mondo particolare. E ho l'impressione che anch'io vivessi nel mio mondo particolare. Credo che la maggior parte degli scrittori, anche "seri", che parlano dell'infanzia, si sbagliano sempre su questo punto. Vedono il bambino dal loro punto di vista di adulti, oppure fanno uno sforzo enorme per mettersi al posto di quello che immaginano essere un bambino. È tutto troppo sistematico, troppo vicino alle nostre convenzioni di adulti. Credo che il bambino si muova in modo molto vago, nella vita, con stupori di giovane animale che vede – o ritrova – qualcosa per la prima volta; e che gli adulti che lo circondano, la cui identità non è sempre molto chiara e di cui gli si dice che uno è suo padre, e si chiama "papà" (ma cos'è per lui un padre?), l'altra è sua madre e l'altra ancora la domestica o la cuoca, o il postino, che tutte queste cose siano degli "adulti", dei "grandi", che hanno sì una certa importanza ma che, al tempo stesso, non hanno molto a che fare con lui; egli ha una vita personale rispetto la quale quelle persone sono del tutto estranee. E nessuno vuole vedere questo tipo di rapporto.

Eppure, secondo la sua biografa Michèle Sarde, fu inguaribilmente segnata da «una nevrosi passionale» dovuta al sentirsi causa della morte della madre per febbre puerperale, una nevrosi che la predispose al «sacrificio e al dolore in amore, contribuendo a sviluppare la tendenza al deprezzamento di sé, che si traduce nell'opera in una svalutazione della figura femminile». E, se la Sarde ha ragione, Yourcenar si condannò «al dolore in amore» innamorandosi infelicemente di maschi omosessuali, nella prima giovinezza e poi di nuovo nella vecchiaia, e costruendo invece nella parte centrale della sua vita una solida coppia, durata quarant'anni, con una donna, l'americana Grace Frick, mettendosi così al riparo dal restare incinta. Della maternità, infatti, non ha che un'immagine di "deprezzamento". In *Pellegrina e straniera*, parlando di Ravenna, dipinge questo quadretto:

> Sulla piazza il sole riscalda le sedie di ferro davanti alla porta di un caffè; bambini sporchi, donne debordanti maternità vociano nelle strade tristi.

La maternità è dunque qualcosa di sgraziato, di eccessivo, di triste, mentre in *Alexis* riflette:

> Niente è più segreto di un'esistenza femminile.

Sulla sua lunga vicenda sentimentale sempre a Galey dice parole liquidatorie: «Dapprima una passione, poi un'abitudine, infine solo una donna che cura un'altra donna» (la Frick era stata malata di cancro per molti anni ed era morta nel novembre del 1979; Yourcenar le sopravvisse otto anni).

E se il rapporto delle donne con le madri è emotivo, spesso umiliato e brucia come una sconfitta, come una sciagurata eredità, quello che i maschi hanno con i padri è di tipo "muscolare" – confronti, bilanci, commiati. Scriverne serve agli uni come alle altre ad affrontare il peso della vita. Dice Philip Roth in *Patrimonio*, libro che parla della morte del padre:

> Non che non avessi capito che il mio rapporto con lui era complicato e profondo: ciò che non sapevo era quanto «profondo» può essere profondo.

L'impressione è che le donne conoscano l'esatta profondità del problema e, scrivendone, rimestano consapevolmente verità tanto oscure da essere, se illuminate, quasi insostenibili.

A scrutare nel segreto dei complessi sentimenti fra madri e

figli è ancora lei, l'enigmatica Clarice Lispector, nel racconto *Legami familiari* nell'omonima raccolta:

La madre scuoteva l'asciugamano nell'aria e con la propria figura gli toglieva la vista della stanza. "Mamma", disse il bambino. Catarina si girò di scatto. Era la prima volta che diceva "mamma" con quel tono e senza chiedere niente. Era qualcosa di più di una semplice constatazione: mamma! La donna seguitò a scuotere energicamente l'asciugamano e si chiese a chi avrebbe potuto raccontare quello che era successo, ma non c'era nessuno che avrebbe capito una cosa che lei stessa non poteva spiegare.

Nella pagina successiva Catarina va a fare una passeggiata col figlio e il punto di vista è quello del padre del piccolo che li guarda dalla finestra:

Il marito si ripeté la domanda che, sotto la sua innocenza di frase quotidiana, lo rendeva inquieto: dove stanno andando? Guardava con preoccupazione sua moglie che guidava il bambino e temeva che proprio in quel momento in cui entrambi gli erano irraggiungibili, lei trasmettesse a suo figlio... ma cosa? "Catarina" pensò, "Catarina, questo bambino è ancora innocente!" In quale momento mai una madre, stringendo il suo bambino, gli dava quella prigione d'amore che si sarebbe per sempre abbattuta sul futuro uomo? In seguito suo figlio, ormai uomo, si sarebbe trovato, solo, in piedi davanti a quella stessa finestra a battere con le nocche contro quello stesso vetro; prigioniero. Costretto a rispondere a un morto. Chi avrebbe mai saputo in quale momento la madre passava al figlio l'eredità? E con quale oscuro piacere. Ora madre e figlio si comprendevano nel loro comune mistero. Più tardi nessuno avrebbe saputo di quali nere radici si alimentasse la libertà di un uomo. "Catarina" pensò con rabbia, "il bambino è innocente!" Ma erano già scomparsi lungo la spiaggia. Il mistero condiviso.

Verità (da dire)

Non so cosa sarebbe accaduto a Frida Kahlo se non fosse diventata la moglie di Diego Rivera, mentre sappiamo ciò che è accaduto a Camille Claudel, allieva e amante di Rodin – della cui opera egli si è anche appropriato. Né sappiamo cosa sarebbe accaduto di Colette se non si fosse liberata del marito. So invece con certezza quanto sia stato e sia ancora difficile per le donne esprimersi – soprattutto nel campo intellettuale e artistico. Perché se l'irruzione delle donne nel dominio degli uomini (professioni, affari, persino guerre) è stata bene o male tollerata, la loro capacità di realizzare un'opera – un quadro, un libro, una sinfonia – li disorienta molto di più. Nell'esperienza artistica, infatti, il corpo si tramuta in stile e si sottrae perciò a ogni controllo. Ora, se l'uomo può contrapporsi a un corpo di donna, fino a violentarlo e ucciderlo, di fronte a un corpo trasformato in stile è impotente come dinanzi a un fantasma.

Queste le considerazioni di Fabrizia Ramondino – lei stessa un fantasma, scomparsa a settantadue anni nel 2008 e troppo presto dimenticata – sulla difficoltà delle donne a esprimere le proprie potenzialità. Lo fa, nel suo libro *Passaggio a Trieste*, "mettendo il dito nella tazza", se possiamo rubare l'espressione a Flannery O'Connor, che dal canto suo, alla pubblicazione del primo romanzo, *La saggezza nel sangue*, deve sentirsi dire: «Se è davvero opera di una signorina, che ha fatto tutto da sola, è senz'altro degno di nota». Fu questo infatti il giudizio del già celebre scrittore inglese Evelyn Waugh. Flannery non commenta, ma in una lettera del 2 maggio 1952 racconta la reazione di sua madre: «Si è sentita profondamente offesa. Non ha mandato giù quel *se* e quel *signorina*. Ma insomma per chi ti ha preso? Dice. E lui CHI sarebbe?».

Perché scrive la *signorina* Flannery O'Connor, affetta da lupus, una crudele malattia che la ucciderà a trentanove anni? Lei stessa non sa rispondere. In una lettera del 1955 dice: «Non sarò mai del tutto in grado di capire la mia opera o le mie motivazioni. È innanzitutto un dono». Tempo prima aveva affermato: «Devo scrivere per scoprire cosa sto facendo. Un po' come la vecchietta, non so mai bene cosa penso finché non vedo cosa dico; dopodiché devo dirlo e ridirlo». Era convinta che chiunque sopravvive all'infanzia, possiede abbastanza informazioni sulla vita per alimentare – se diventa uno scrittore – storie da scrivere fino alla fine dei giorni. Aveva dodici anni quando il dramma si era abbattuto sulla famiglia: il padre si era ammalato di artrite (in realtà aveva lo stesso lupus che attaccherà lei), e morirà nel giro di quattro anni. Flannery si appassiona ai pavoni e alla scrittura, è ironica, brusca, sincera. Diventerà l'autrice di due grandi romanzi, una narratrice cruda ed essenziale, di cui la poetessa Elizabeth Bishop dice in una lettera a Robert Lowell: «Scrive così maledettamente bene a paragone con quasi tutto quel che è dato leggere: economica, chiara, sconvolgente, reale». La O'Connor, a proposito di se stessa, usa *understatement* e autoironia:

> Personalmente affronto i problemi letterari proprio come faceva la governante cieca del Dottor Johnson quando versava il tè: metto il dito nella tazza.

Nel libro che raccoglie i suoi pensieri sulla letteratura, *Nel territorio del diavolo*, riflette: «Essere uno scrittore e scrivere sono due cose diverse – si può essere scrittori solo per pubblicare, e si può voler scrivere bene e basta». Lei faceva senza dubbio parte del secondo gruppo, ma alla cieca e col «dito nella tazza», per sentire il calore giusto e l'altezza giusta del liquido nel contenitore.

Se per la O'Connor essere una scrittrice è un "dono", per Sylvia Plath l'atto di scrivere si configura piuttosto come una rivendicazione. Almeno nei *Diari*:

> Sentivo che se non avessi scritto nessuno mi avrebbe riconosciuto come essere umano. La scrittura, allora, era la mia sostituta: se non ami me, ama quello che scrivo, amami per questo.

Ancora una volta, la speranza di essere accettate per quel che si è veramente, fuori da maschere e programmi decisi da altri sul nostro destino. Ma è anche la *sua* maniera per frenare il disordine della vita:

> È molto di più: un modo di ordinare e riordinare il caos dell'esperienza.

Sottratto il senso di tragedia che sempre troviamo in Sylvia Plath, anche Clara Sereni in *Taccuino di un'ultimista* ragiona in modo non troppo dissimile sull'"azzardo di scrivere":

> Sulle ragioni che spingono me a questo azzardo, mi sono interrogata più volte, e la risposta non è mai stata una sola, né la stessa ogni volta. C'entra sicuramente e potentemente, la sensazione magica di poter dare ordine, con le parole, al mondo: un mondo che nell'allinearsi delle righe, nell'accumularsi delle pagine, nel contenimento garantito dalla copertina trova momentaneamente una comprensibilità, e la coerenza che alla vita non appartiene.

Oppure si può avere bisogno di fondersi con la vita vissuta. Cristina Campo lo dice divinamente nel brano «Parco dei Cervi» in *Gli imperdonabili*:

> Se qualche volta scrivo è perché certe cose non vogliono separarsi da me come io non voglio separarmi da loro. Nell'atto di scriverle esse penetrano in me per sempre – attraverso la penna e la mano – come per osmosi.

Mentre Anaïs Nin in uno dei suoi romanzi più coinvolgenti, *Scale di fuoco*, del 1946, raccontando l'amore fra Lillian e Jay cerca una strada femminile anche nel linguaggio che usa, febbrile, onirico e uterino:

> La donna lascia parlare l'altra lingua dalle mille lingue, che non conosce né il muro, né la morte. Alla vita non rifiuta nulla. La sua lingua non contiene, essa porta, essa non trattiene, essa rende possibile.

«Adesso è scritto», dice Marguerite Duras evocando la morte della mosca sul muro nella sua casa di Neauphle. Sì, in quanto scritto, anche quell'accadimento minimo si trasforma in un

> evento, totale, di un significato enorme: di un significato inaccessibile e di un'ampiezza senza limiti.

Erano passati vent'anni e Marguerite si decide a raccontarlo, a

> scrivere lo spavento di scrivere.

C'è un salto fra la mosca che muore, il dolore che prova Duras assistendo al fatto e il momento in cui si siede e lo racconta. E capisce che non sta raccontando la mosca, ma precisamente «lo spavento», della mosca e suo, di Duras che ne scrive. Perché la verità è l'ignoto che abbiamo dentro: scrivere vuol dire raggiungerlo. È questo o niente.

Quella morte che non interessa a nessuno, una volta scritta diventa letteratura, «epifania della verità», per citare di nuovo Azar Nafisi. O questa frase di Charlotte Brontë in *Jane Eyre*:

> Io non scrivo per lusingare [...], né per innalzare salmi o raccontar frottole; io dico semplicemente la verità.

Non posso dimenticare quello che mi disse Jamaica Kincaid durante un festival letterario:

> Io scrivo perché devo dire le cose a modo mio, le cose che stanno dentro la mia testa, le cose come le vedo nella loro a volte terribile autenticità.

Ancora una volta diventa centrale «la verità», una verità profonda, autobiografica, enigmatica, nascosta nell'inconscio. Disse anche:

> A me interessa la verità cui ti inchioda la letteratura.

Non diversamente Clarice Lispector attraverso l'alter ego (maschile) cui presta la voce in *L'ora della stella*:

> Quando scrivo non mento.

Ma che tipo di verità è questa? Ancora Lispector, parlando del personaggio di Macabéa:

> La verità è che mi ritrovo nelle mani un destino, ma non ho il potere di inventare liberamente: seguo un'occulta linea fatale. Sono obbligato a cercare una verità che mi supera.

Poche pagine prima aveva pronunciato la parola "dovere":

> Ho il dovere di raccontare di quella ragazza tra migliaia di sue simili.

E in modo ancor più misterioso:

> La storia è storia. E occorre saperlo fin dall'inizio per avere sempre presente che la parola è il frutto della parola. La parola deve assomigliare alla parola. Renderla è il mio primo dovere. E la parola non può essere imbellettata o artisticamente vana, deve essere strettamente se stessa.

Anche Katherine Mansfield, in una nota del 28 dicembre 1921 sull'*Ulisse* di Joyce, affermava:

> Mi sconvolge imbattermi in vocaboli ed espressioni da cui mi ritraggo nella vita [ma] la ricerca del Vero è a tal punto la cosa più importante che uno deve vincere le avversioni secondarie. Sono trascurabili.

Ciò che non è trascurabile, anche per lei, è dunque «la ricerca del Vero», con la V maiuscola, perché è il "vero" delle parole usate per dirlo, non altro. La realtà esiste in quanto detta. E dipende da *come* viene detta. In altre parole, dipende dalla sua *rappresentazione*. Uso il corsivo come un ponte verso questo limpido brano di Patrizia Cavalli:

> Per esistere mi devo rappresentare, a me stessa e agli altri, anche in solitudine. Le rappresentazioni cambiano secondo gli spettatori. Anche nel dolore più reale c'è sempre l'irrealtà della rappresentazione. Così, sola nel mio letto, io piango di fronte ai miei amici, l'uno dopo l'altro. Vedo loro che guardano me fingendo di non essere vista. E in questa finzione mi sento convincente. Devo convincere me e anche gli altri che la mia sofferenza è reale. Le manifestazioni

fisiche della sofferenza sono metafore del vuoto. La voragine e la vertigine che mi conquistano. L'assenza e la caduta dove i miei muscoli si contraggono per respingerla, per riempire il vuoto con il movimento. Contemplare il proprio vuoto e cioè la propria morte produce un panico intollerabile. Come andare in altalena. Quella tessitura compatta della quale normalmente sentiamo costruito il nostro corpo si sfilaccia e si slabbra, perde consistenza, si smaglia e si buca, diventa mille luoghi separati nel disordine. Per riconquistare l'ordine e la sensazione della propria interezza, bisogna ritirarsi altrove, e cioè non avere più luoghi, mettersi in un'astrazione che tutto contempla senza mai essere.

Mi sembrano parole in sintonia con il pensiero di una filosofa, Maria Zambrano, che in *Verso un sapere dell'anima* riflette così:

... le grandi verità non si è soliti dirle parlando. La verità di ciò che accade nel seno nascosto del tempo è il silenzio delle vite, e che non può essere detto. "Ci sono cose che non si possono dire", ed è indubitabile. Ma è proprio ciò che non si può dire che bisogna scrivere.

E poche righe prima:

Scrivere è difendere la solitudine in cui ci si trova. [...] Scrivere diventa il contrario di parlare: si parla per soddisfare una necessità momentanea immediata e parlando ci rendiamo prigionieri di ciò che abbiamo pronunciato; nello scrivere, invece, si trova liberazione e durevolezza – si trova liberazione soltanto quando approdiamo a qualcosa di durevole. Salvare le parole dalla loro esistenza momentanea, transitoria, e condurle nella nostra riconciliazione verso ciò che è durevole, è il compito di chi scrive.

Ma la considerazione per me più enigmatica e affascinante sulla scrittura viene da Ingeborg Bachmann, che a metà degli anni Sessanta, in un periodo molto difficile della sua vita, segnato da crisi epilettiche e ricoveri in ospedale, comincia a scrivere gli appunti sparsi che andranno sotto il titolo *Libro del deserto*. Lo stato mentale da cui nascono tanti suoi versi è espresso in queste righe:

> Soffro d'invasione, soffro per il cammello scannato, per le zanzare sul lago di Zurigo, per le battutine di una vecchia amica, soffro perché qualcuno ha un certo cancro alla laringe, soffro perché tutto è inguaribile. Soffro ogni volta fino a perdere conoscenza, ogni volta con l'epilessia, soffro per una parola detta.

La considerazione cui accennavo è questa:

> Non è niente, non è un merito, vivere, scrivere, tirar fuori dal sacco delle parole le noci e le mandorle.
>
> Ma la magia, la placida stupidità preveggente, l'integrazione del delirio in una costruzione razionale. Un numero di pagina, una parola che ricorre a un certo punto, un foglio buttato via, per un numero di pagina, la comparsa di un cane, di una certa pianta, un'allusione a qualcosa che non ha più niente a che fare col libro, allusione fragilissima e assolutamente folle a un brano musicale, a un giorno, a una data, a una figura, a un malessere passeggero. Non ho mai ben capito in che bozzolo vivo quando lavoro, mi spavento quando sento dire che è il 3 o il 26, tanto per fare un esempio. D'un tratto sono molto contenta perché è il 27, penso che è bene.

E poi c'è Marie Curie. Può sembrare una digressione evocarla ora, e in effetti lo è. Ma di rara efficacia.

La voglio chiamare con il suo nome da ragazza, Maria Salomea Skłodowska, detta Manya. Proprio lei, la grande scienziata polacca, prima donna a vincere il Nobel: nel 1903, per la fisica; prima donna a vincerne due (e anche di uomini se ne conta uno solo in tal primato) – il secondo Nobel, per la chimica, è del 1911; prima donna a essere ammessa a insegnare alla Sorbona (1906); prima donna sepolta al Pantheon di Parigi (1995, ma era morta nel 1934): a oggi, sono cinque in tutto le donne cui è stato concesso questo onore. Marie non ha scritto romanzi ma, col marito Pierre, ha scoperto la radioattività e, per conto suo, ha isolato il polonio e il radio. Nelle foto ha l'aria perennemente imbronciata. Non ha scritto libri (a parte un breve diario privato in morte del marito), ma sono molte le opere e le biografie che la riguardano. Ne sto leggendo una bizzarra, in chiave femminista, della spagnola Rosa Montero: *La ridicola idea di non vederti più*. Dice del ménage dei due scienziati e delle intense giornate di Manya, che ebbe due figlie, la futura scienziata Irène e la futura pianista Eve:

> Condividevano tutto, tranne il lavoro domestico. Che giornate spossanti quelle di Madame Curie: oltre a badare alla casa, stava svolgendo un lavoro di ricerca sulle proprietà magnetiche dell'acciaio che le avevano offerto per pochi franchi (avevano bisogno di soldi). Per giunta si era messa a studiare per un concorso che le avrebbe permesso di insegnare nelle scuole superiori, anche stavolta per motivi economici. E di sera assisteva a lezioni sui cristalli per capire meglio il lavoro di Pierre.

Poi Marie ha la prima bambina e le cose si complicano ulteriormente...

> Doveva tornare a casa ogni tanto per allattare la neonata, e quando rimase senza latte dovette assumere una balia sentendosi un fallimento come madre. Cominciò a soffrire, lo racconta Eve, di attacchi di panico: all'improvviso usciva di corsa dal laboratorio diretta al parco, perché le si era ficcato in testa il pensiero ossessivo che la balia avesse perso Irène. Quando le trovava e verificava che la bambina stava bene, tornava di corsa al lavoro. Era sul punto di perdere la ragione.

Mettete al posto della scienziata una qualsiasi donna che oltre ad avere una passione totalizzante, o anche solo un lavoro molto coinvolgente, ha famiglia e figli, e il risultato non cambia. Né credo che a distanza di più di un secolo stiamo messe molto meglio. Una donna deve sempre «presidiare la fortezza» (cito Flannery O'Connor) della sua indipendenza, del suo tempo, delle sue energie, della sua scrittura. Forse anche giustificarsi.

Chiudo con una divertente (sebbene amarissima) barzelletta dal racconto «Sognatore di una lingua morta» in *Più tardi nel pomeriggio*, della ebreo-newyorkese Grace Paley:

> C'è un vecchio ebreo. Siamo in Germania, nel '39 o nel '40. Quest'ebreo va all'Ufficio del Turismo. Guarda il mappamondo. Ne hanno uno nell'Ufficio del Turismo. Dice, Senta, devo andarmene da qui. Lei, Herr Agent, dove mi suggerisce di andare? Anche l'uomo dell'agenzia guarda il mappamondo. L'ebreo dice, Ehi, qui, che ne dice? E punta il dito sull'America. Oh, dice l'uomo dell'agenzia, mi spiace, è impossibile, hanno esaurito la quota d'immigrazione. Tss, dice l'ebreo, allora qui, che ne dice? E punta il dito sulla Francia. L'ultimo treno è già partito, peccato, peccato. Uhm, la Russia allora? Mi spiace, al momento non fanno entrare nessuno. Qualche altro posto... la risposta è sempre la stessa, il porto è chiuso, ne hanno già accolti troppi, non ci sono navi... Così alla fine il povero ebreo, che sta pensando che non può andare in nessuna parte del globo ma non può neanche restare dov'è, dice ohi, dice bah, e allontana il mappamondo, disgustato. Ma non dispera. Dice, Bene, allora questo è esaurito, Herr Agent. Ascolti – non ne avrebbe un altro.

Mettete al posto del «povero ebreo» una povera donna qualsiasi...

Tempo (e solitudini)

Nel 1960 il giornale moscovita «Izvestija» chiede ad alcuni scrittori di tutto il mondo di descrivere con precisione un'intera giornata, la stessa per tutti: il 27 settembre di quell'anno. Christa Wolf non solo risponde all'invito, ma decide di continuare l'esercizio per conto proprio, fino all'inizio del nuovo millennio. Ogni 27 settembre, per quarant'anni, descrive minuzie casalinghe, pensieri, notizie politiche, sogni, telefonate, pranzi e cene (in genere in cucina traffica il marito, Gerd), cose ascoltate alla radio, film visti, libri letti, amici incontrati... All'inizio è una donna poco più che trentenne, nel 2000 di anni ne ha settantuno. Ne vivrà ancora altri undici. Perciò, mentre scrive questo libro anomalo (titolo: *Un giorno all'anno*), le capita anche di invecchiare. Il 27 settembre del 1978, cinquantenne, annota:

Il mio viso allo specchio, vicinissimo. Invecchiare, non più una parola astratta, ma un'esperienza quotidiana. Mi ricordo che stanotte l'anca è tornata a dolermi, facevo fatica a trovare una posizione comoda. Pori dilatati della pelle intorno al naso. Sempre nuovi brufoli dovuti allo scompenso ormonale che provoca il calo degli ormoni femminili. Di recente in uno degli articoli tranquillizzanti che circolano sull'argomento ho letto che il corpo avrebbe anni di tempo per adattarsi. Nuove venuzze scoppiate sulla guancia, la matita del trucco deve coprire sempre di più. La cosa non mi disturba, benché a volte io mi chieda se anche il mio corpo abbia avuto una vita piena, ricca, come il mio spirito.

Più avanti invecchiare comincerà a pesarle davvero, quando il corpo, in particolare quell'anca che già la fa soffrire, s'imporrà limitandone i movimenti, imponendole le stampelle e tormentandola di dolori.

Annota Virginia Woolf nel suo diario il 29 dicembre del 1940: «Detesto l'asprezza della vecchiaia – la sento. Sono stridula. Acida». E l'8 marzo dell'anno successivo, venti giorni prima di uccidersi:

> Donne sedute sulle panchine. Un grazioso cappello in una sala da tè: come la moda rivitalizza l'occhio! E le vecchie crostacee, imbellettate, adorne, cadaveriche nella sala da tè. La cameriera in cotone a quadretti. No: non devo essere introspettiva. Ricordare la frase di Henry James: osserva senza tregua. Osserva l'avvicinarsi della vecchiaia. Osserva la voracità. Osserva il tuo stesso avvilimento. Così facendo diventa utile. O così spero. Insisto nello spendere questo tempo traendone il miglior vantaggio. Voglio affondare con la bandiera spiegata.

C'è un ulteriore scherzo del destino che la vecchiaia riserva alle donne. Lo rivela con la consueta franchezza Simone de Beauvoir in un libro spietato, *La terza età*, che è una pietra miliare (come tante altre sue opere), molto distante dalla visione "eroica" e in fondo consolatoria che si trova, per esempio, in un famoso testo di riferimento sul tema, *La forza del carattere*, di James Hillman. Ma sentiamo Simone:

> Biologicamente, la sessualità della donna è meno deteriorata dalla vecchiaia che non quella dell'uomo. [Ma] per la donna anzia-

na, è molto difficile avere dei partner extraconiugali. [...] Per molte donne anziane questa frustrazione è penosa, perché rimangono tormentate dal desiderio. Di solito lo calmano con la masturbazione. [...] L'idea che nelle donne le pulsioni sessuali persistono a lungo è confermata dalle osservazioni che si possono fare sulle omosessuali. Certune conservano delle attività erotiche fino a oltre ottant'anni, il che prova ch'esse rimangono capaci di desiderio, mentre agli occhi degli uomini da molto tempo hanno cessato di essere desiderabili.

Ciò vuol dire che la donna subisce fino alla fine la sua condizione di oggetto erotico. La castità non le è imposta da un destino fisiologico ma dalla condizione di creatura relativa. Peraltro, succede ch'ella vi si condanni da sé [...] Generalmente, in amore, lei è più narcisista di lui; in lei il narcisismo si estende alla totalità del corpo; attraverso le carezze e gli sguardi dei suoi partner, ella prende deliziosamente coscienza della desiderabilità di questo corpo. Se l'uomo continua a desiderarlo, ella si rassegnerà con indulgenza ai suoi gusti. Ma al primo segno di freddezza sentirà amaramente la propria decadenza, prenderà in disgusto la propria immagine, e non sopporterà più di esporsi agli occhi di un altro.

Karen Blixen divenne scrittrice in età matura riannodando il filo interrotto di ambizioni artistiche giovanili, perché come proprietaria terriera era stata sconfitta e non sapeva cosa fare di se stessa. Ma anche perché, come le avevano insegnato le vecchie indigene kikuyu a lei molto care: «In Africa tutte le donne anziane sono pratiche di magia». Lo dice in *Dagherrotipi*, la raccolta di discorsi che aveva tenuto alla radio danese su argomenti disparati, ma che finisce per essere una seconda autobiografia accanto a *La mia Africa*. Perdendo, con l'invecchiare, la forza della seduzione, per vedersela col maschio la donna primitiva si fa "strega", raggiungendo così un maggior potere sugli altri, gli uomini innanzitutto, che le si rivolgono umilmente per conoscere in anticipo il futuro e poterlo controllare.

La grande magia appresa da Karen in età adulta fu la letteratura, il suo modo di stabilire un incisivo ascendente sul mondo, un nuovo orizzonte di seduzione. Senza contare che un po' "magica" la Blixen lo era sempre stata e tanto più aveva affinato in Africa certe doti sciamaniche, fino a rivelare a un soggiogato Frederic Prokosch che, durante una tournée americana della scrittrice, l'aveva invitata a cena nella sua casa di New York: «Ho un certo dono, se la cosa può interessarle. Vedo le anime dei morti che camminano tutt'intorno a me...» (l'episodio è narrato da Prokosch nel suo incantevole *Voci*).

Invecchiare nel suo caso sembra coincidere col principio d'individuazione junghiano dell'"arrivare a essere quello che si è", o il "diventa ciò che sei" di nicciana memoria. Per dirla con le parole di Nadia Fusini, Karen fu una che «amò il proprio fato», una che seppe «volere quello che non aveva voluto». E (ancora in *Dagherrotipi*) scriveva: «Abbiamo bisogno di persone che *sono*» in una società che giudica dalle apparenze e dai conseguimenti esteriori.

E ora, a proposito dei fantasmi che vedeva la Blixen, mi s'impone un romanzo bellissimo e strano, pieno di personaggi che somigliano più a fantasmi che a persone in un'atmosfera notturna carica di presagi e di eventi finali. È *Bosco di notte* di Djuna Barnes, dove si legge questo disperato "elogio" della solitudine, solitudine cui si autocondannò lei stessa, non a caso definita "la Greta Garbo della letteratura", in molti anni misteriosi della sua lunga vita fino alla morte, avvenuta nel 1982:

Vogliamo amare ed essere amati, quando tutto si riduce a un po' di menzogne, sussurrate all'orecchio perché l'orecchio dimentichi ciò che il tempo ammucchia. E così io, il dottor O'Connor, dico: andate avanti adagio adagio, e non imparate niente, perché quello che s'impara è sempre a spese di qualcun altro; decidete nel vostro cuore e state attenti a chi amate, perché un amante che muore, per quanto dimenticato, porterà qualcosa di voi nella tomba.

È quel che succede a Deborah Holland, moglie del conte di Slane, anni ottantotto, quando le muore novantaquattrenne il marito e resta vedova. Però Lady Slane, protagonista del miglior romanzo di Vita Sackville-West, *Ogni passione spenta*, non manca di risorse. Mentre i sei figli si preoccupano per lei pensando a come palleggiarsela per non lasciarla sola, decide di prendere le distanze dalla vita di sempre e dalle attese di tutti, lascia la ricca casa di Kensington per trasferirsi insieme a una fida dama di compagnia in un cottage che aveva adocchiato fin dalla giovinezza, stringe nuove amicizie. Quando pensa di non aver più nulla da attendere, se non la fine, ritrova un uomo del passato, un collezionista d'arte conosciuto in India, forse padre di uno dei suoi figli (ma Deborah ormai ricorda solo ciò che vuole ricordare...), che sostiene di averla sempre amata. E quando anche lui muore, la lascia erede di una fortuna che lei devolverà prontamente allo Stato (con grande smacco dei figli). E morirà contenta di vedersi riflessa in una giovane pronipote musicista, che non ripeterà il suo errore. L'errore di aver sacrificato per amore di un uomo, e per non tradire le aspettative della famiglia, l'unica autentica passione che segretamente coltivava: dedicarsi all'arte per diventare pittrice.

Graziosa e soave, per tutta la sua vita era stata interamente remissiva: un'appendice. [...] Erano lontani quei giorni in cui i sentimenti prorompevano oltre i loro confini e colavano come acciaio liquido; quando il cuore pareva voler scoppiare, tanto era gonfio di desideri complessi e contraddittori; ora non restava nulla, se non un paesaggio a tinta monocroma; il disegno era rimasto ma le tinte erano svanite; e non era più se non un gesto senza parole. [...] Era stata felice? Una strana parola, quella che gli uomini avevano coniato, e che in tre sillabe esprimeva il sommario di una vita intera. Felice. Si era felici in un dato momento, infelici due minuti dopo; e non sempre si era felici o infelici per una buona ragione; che cosa significava dunque? Significava, se un significato ci doveva essere, che qualche inquieto desiderio voleva che il nero fosse nero, che il bianco fosse bianco; significava che nella giungla dei terrori della vita, gli inermi omiciattoli cercavano di rincuorarsi con una formula. Certo, c'erano stati momenti di cui si poteva dire: *Allora* ero felice; e con maggior certezza ancora: *Allora* ero infelice [...]; ma tra questi istanti si stendevano intere regioni, le quali non erano che l'esistenza.

Ma ora ha ritrovato uno scopo, un'ultima occasione di "felicità": rincuorare la nipote e spronarla a seguire la sua inclinazione. E così in una pacificante scena finale, carica di una sottile sensualità, in cui la giovane Deborah abbraccia le ginocchia della vecchia Deborah, «avvolta nel tepore, nell'oscurità», la forza femminile passa da una generazione all'altra in un'eredità creativa:

Quel contatto fisico e morale con la bisnonna – così lontana d'anni, così intonata a lei nello spirito – strappava l'involucro che ricopriva il piccolo tesoro della poca esperienza che gelosamente la giovane aveva riposto. Si sorprese a chiedersi se in seguito sarebbe riuscita a captare ancora l'incanto di quell'ora, tanto da tradurlo in musica.

Vale forse la pena di notare che, nelle pagine di diverse autrici, gli insegnamenti delle nonne non insistono su grandi rivelazioni. Si tratta semmai di un passaggio di umili nozioni pratiche, memorie autobiografiche, segreti per curare il giardino, ricette di cucina con dentro una sommessa armonia con la vita. Mi viene ora in mente il popolarissimo *Va' dove ti porta il cuore* di Susanna Tamaro, in cui una nonna scrive per la nipote un lungo diario-confessione:

Ti ricordi quando t'insegnavo a cucinare le crêpe? Quando le fai saltare in aria, ti dicevo, devi pensare a tutto tranne al fatto che devono ricadere dritte nella padella. Se ti concentri sul volo puoi stare certa che cadranno accartocciate, oppure si spiaccicheranno direttamente sul fornello. È buffo, ma è proprio la distrazione che fa giungere al centro delle cose, al loro cuore.

E per distrazione, a volte, ci s'innamora. A tutte le età. Prendiamo un romanzo che è ormai un classico, *Se gioventù sapesse* di Doris Lessing. Il proverbio nella sua interezza recita: «Se gioventù sapesse..., se vecchiaia potesse...». Cosa *non* possono più fare i protagonisti attempati di questa storia, Janna e Richard, che si sono innamorati dopo un incontro casuale nella stazione di una metropolitana londinese e dopo un secondo incontro altrettanto casuale a Soho Square, quasi fosse il destino in persona a gettarli nelle braccia l'una dell'altro? Non possono amarsi fisicamente:

Ci siamo abbracciati. Nei nostri abbracci si mescolano bizzarramente tutta una serie di sentimenti e di emozioni. C'è dell'amicizia, certo, anzi soprattutto quella, e sempre un'immediata intimità, come se non ci fossimo mai separati. Il caldo riconoscersi della nostra carne, la sua mano sul mio braccio nudo, la mia mano sulla sua nuca. Passione, oh sì, c'è anche quella, imminente, incipiente, simile a una verde distesa circostante alla quale qualche legge misteriosa ci proibisce di accedere. Fin qui e non oltre, sta scritto su degli invisibili cartelli; possiamo abbandonarci l'uno nelle braccia dell'altra e sentirle bruciare di desiderio e promettere; ma non possiamo voltare il capo a baciarci. Se le nostre labbra s'incontrassero, buon Dio, quali beatifici orizzonti si schiuderebbero dinnanzi a noi, ma – questo è il punto – in quel momento qualcosa morirebbe. Che cosa? Lo sappiamo? Io no. Buon Dio, quante e quali emozioni e sensazioni mi sono precluse! Sento il suo respiro sulla mia guancia e subito odo un avvertimento: bada! Anche se muoio dal desiderio di volgere il viso in modo che la mia bocca incontri, per la prima volta, la sua. Oh, no. No, no, no.

Fanno lunghe tenere passeggiate, passano da un pub all'altro e parlano parlano parlano. Ma non di se stessi, non del loro passato. Non della moglie di Richard o dei suoi figli. Non delle nipoti di Janna che le si piazzano in casa con i loro amici invadenti, non del marito di Janna che è morto e non del giornale in cui lei continua a lavorare con soddisfazione e dedizione. Il passato che cercano di negare, però, pesa lo stesso, il passato è lì, loro sono inevitabilmente il passato che hanno e che lentamente affiora. Quando si trovano soli in una stanza e potrebbero infine gettarsi insieme su un letto, uno strano imbarazzo li blocca.

Ha telefonato Richard. Molto tardi. Ho ascoltato la sua voce mentre giacevo sul mio bianco, morbido, freddo letto, sola. Quando odo la sua voce, che mi penetra fino in fondo all'anima, il mio cuore impazzisce [...]

«Perché tu e io non possiamo andare a letto insieme? Quando è evidente che è solo per questo che siamo nati? Mi senti?»

«Sì».

«È vanità, Janna?»

«La mia vanità, intendi dire?»

«Tu pensi che io non ne abbia, Janna?»

«Hai ancora quella mia piccola foto?»

«Ma certo!»

«L'hai lì con te?»

«Sì, sul comodino».

«Fantasmi» ho detto. «Sono i fantasmi che c'impediscono di fare l'amore».

Fantasmi del passato, come quella piccola foto (di Janna da giovane) che finirà nelle mani del figlio di Richard. Lui, e la sorella, e la nipote di Janna – insospettiti, gelosi, minacciati da questo amore che non accettano – avranno un ruolo nel dividere la coppia e ricacciare i due "anziani" innamorati nelle loro rispettive solitudini.

Potente è infatti sugli amori tardivi lo sguardo degli "altri", o almeno così lo sentono tante scrittrici. Dice Dacia Maraini nel suo romanzo epistolare *Dolce per sé*, in cui la protagonista si rivolge, attraverso varie lettere, a una giovanissima Flavia:

> Noi appariamo agli altri con una sola immagine, limitativa e parziale. Mentre nel nostro corpo le varie età convivono senza ordine, la bambina con l'anziana, il giovinetto con l'uomo maturo. Siamo una folla, come diceva Pessoa, e un solo nome ci sta stretto.
>
> C'è un quadro nel museo del Prado, se ricordo bene, si chiama *La fontana della eterna giovinezza*. Un quadro ampio, dai colori liquidi, in cui tanti corpi, in un brulichio di bianchi e di rosa, si immergono dentro le acque di una fontana miracolosa e ne escono ringiovaniti.
>
> La memoria ha la virtù di quella fontana. Chi vi si immerge ne esce rivitalizzato. E certamente le storie, i romanzi sono fatti di quell'acqua miracolosa che ci permette di ringiovanire. Scriverli, ma anche leggerli. Io sono una lettrice appassionata. E mi sembra che solo attraverso la lettura riesco a "vedere" al di là della immagini che si vendono a giornata. Quando riusciamo ad andare oltre lo stereotipo scopriamo che le pupille della persona osservata sono gremite di storie non raccontate, che la sua pelle conserva l'odore del latte materno, che le sue mani, per quanto vizze, sono percorse dallo spirito del rinnovamento.

In *Dolce per sé* la cinquantenne Vera ama, riamata, un violinista, Edoardo, di quindici anni più giovane. La famiglia di lui non vede di buon occhio la relazione, che durerà in complesso quasi un decennio. Poi l'amore si stempera, Edoardo cede ad altre seduzioni e Vera decide di spezzare il legame prematuramente, condannandosi a una grande sofferenza:

Abbiamo giocato tanto che forse abbiamo esaurito tutti i giochi. Come quei signori eleganti, con la sigaretta in bocca che vanno da un casinò all'altro, e poi un giorno, quando sono finiti i soldi, si suicidano. Ma forse il paragone è inappropriato. Si può dire che nei nostri giochi ci fosse qualcosa dell'azzardo di un tavolo verde? Debbo dire, cara Flavia, che forse sì, c'era qualcosa di arrischiato e lo sapevamo. La differenza di età? qualcuno lo pensava. In realtà per noi non contava, ma ci veniva continuamente sottolineata dagli altri. Quando viaggiavo con lui, seguendolo nei concerti, mi facevo quasi invisibile per non essere guardata con riprovazione.

Il suo agente americano una volta me l'ha detto in faccia: «Quando la smetterà, quel bravo ragazzo, di avere bisogno di una madre?». E un direttore d'orchestra brasiliano mi ha apostrofato così una sera a cena: «Che ne dici, Vera, di cercare una ragazza della sua età per Edoardo?». Rideva nel dirlo, ma si capiva che la disinvoltura gli serviva solo per mascherare l'asprezza.

Un'asprezza che naturalmente non si attiva se è l'uomo ad avere l'età del padre della ragazza amata e che tende a rinchiudere la donna in un cerchio di umiliazione e solitudine.

Eppure le donne dimostrano in molti frangenti di essere più forti e autonome di quanto i luoghi comuni finiscono col farci credere. Ricordo che parecchi anni fa, quando facevo ancora la giornalista, mi dedicai a un'inchiesta sui vedovi. E la sorpresa fu scoprire che le donne potevano contare su risorse che ai maschi mancavano completamente. Ma non si erano appoggiate per tutta la vita a quei mariti scomparsi? La verità dimostrava piuttosto il contrario. Tanti uomini mi confessarono di essere totalmente incapaci di gestire la quotidianità. Non sapevano cuocersi un uovo, lavare un bucato, nemmeno rifarsi il letto. Erano bambini abbandonati dalla mamma. E alcuni finivano per cercarsi una nuova partner non tanto per riempire un vuoto sentimentale, quanto per trovare qualcun'altra disposta ad accudirli. Ma forse certe dichiarazioni vanno prese con le pinze. Gli uomini hanno una grande difficoltà a mettersi in sintonia con i sentimenti ed è comprensibile che spostino il problema su questioni materiali.

Come non ripensare, allora, ad Anne Tyler (*La danza dell'orologio*) per questa deliziosa scena fra una neovedova e un divorziato che vorrebbe risistemarsi con lei:

«Deve essere molto, molto difficile» disse Willa.

«Oddio» disse lui. «Vengo qui a dirle quanto mi dispiace per suo marito, e subito tiro fuori i miei piccoli guai».

«Non definirei il divorzio un piccolo guaio» rispose Willa.

L'uomo prese il bicchiere e finì l'acqua, poi lo riappoggiò sul tavolo e ci guardò dentro.

«Ne vuole ancora?»

«Quello che cercavo di dirle è che pensavo di cavarmela bene, e invece vivo come un automa. Ancora oggi. Gran parte dei miei pasti sono a base di cereali freddi».

«Questo proprio non va bene».

«Mi dimentico di spedire le lettere, mi cadono le cose di mano e rovescio i bicchieri e spesso mi è capitato di perdermi andando in posti in cui ero già stato un milione di volte».

[...]

«Stavo pensando...» riprese lui «c'è una qualche speranza che lei possa essere interessata a venire a cena con me? Voglio dire stasera, o in qualsiasi altro momento; naturalmente potrebbe scegliere lei».

«Ah...» disse Willa.

Ci rifletté un istante.

«La ringrazio» disse «ma penso di no».

Titolo chiama titolo, e l'orologio della Tyler mi rimanda a quello della tagliente Carson McCullers nella scena finale di *Orologio senza lancette*, che racconta la morte del protagonista dal nome beckettiano, Malone. Cosa chiede Malone, in punto di morte, alla moglie che lo ha accudito con abnegazione? Un bacio, una stretta di mano, un abbraccio? Più semplicemente un bicchiere d'acqua.

Ma la vita lo lasciava, e nel morire, il vivere assunse un ordine e una semplicità che Malone non aveva mai conosciuto. Il polso, il vigore non c'erano più e non ve n'era bisogno. Il disegno solo emergeva. Che gli importava se la Corte Suprema integrava la scuola? Nulla gli importava. Se Martha avesse sparso ai piedi del letto tutte le sue azioni della Coca-Cola e le avesse contate, lui non avrebbe alzato il capo. Qualcosa però voleva, perché disse: «Vorrei un po' d'acqua ghiaccia, senza ghiaccio».

Ma prima che Martha tornasse con l'acqua, adagio, con dolcezza, senza sforzo né paura, la vita fu tolta a J.T. Malone. Il suo vivere se n'era andato e alla signora Malone che stava in piedi con il bicchiere pieno in mano, suonò come un sospiro.

Quali siano le emozioni della signora Malone, Carson McCullers non lo dice. Il libro finisce qui. Ce le dice in compenso Joan Didion nel suo *L'anno del pensiero magico*, scritto dopo la perdita del marito:

Il dolore risulta essere un posto che nessuno conosce finché non ci arriva. Noi sappiamo che qualcuno che ci è vicino potrebbe morire. Potremmo aspettarci di avere uno shock. Non ci aspettimo che questo shock sia obliterante, disarticolante per il corpo e per la mente. Potremmo aspettarci di essere prostrati, inconsolabili, sconvolti dalla perdita. Non ci aspettiamo di impazzire, di impazzire letteralmente. Di diventare un «osso duro», convinto che il marito stia per tornare indietro e che abbia bisogno delle scarpe.

Né possiamo conoscere prima il fatto – e qui sta il nocciolo della differenza tra il dolore come lo immaginiamo e il dolore com'è – l'interminabile assenza successiva, il vuoto, l'inesorabile successione dei momenti in cui ci troveremo ad affrontare l'esperienza della mancanza stessa di significato.

La Didion mi porta a Joyce Carol Oates, all'esplicito *Storia di una vedova*, lunga analisi dei primi mesi di solitudine dopo la scomparsa del primo marito Ray. Sono tanti i brani che mi piacerebbe citare... alla fine scelgo questo (il corsivo è suo):

> *La Vedova dovrebbe imprimersi nella mente una cosa assai semplice: la morte del marito non è un evento accaduto a lei, bensì al coniuge. Non ha nessun diritto di appropriarsi della morte di Ray. Questo turbine di emozioni, questa febbriciattola, questa nausea, questo malessere... cos'ha a che fare tutto questo con il cordoglio, con il lutto? C'è forse dell'autentico cordoglio, del vero lutto in qualcuna di queste manifestazioni? Deve cessare di soffermarsi sul passato, perché non può essere modificato. Deve smettere di ascoltare canzonature o voci compassionevoli:* "Mio marito è ancora vivo?", "Sì, suo marito è ancora vivo, signora Smith!"
>
> *Stasera deve prendere una pastiglia – magari anche solo mezza – avendo l'accortezza di lasciare l'altra metà sul tavolinetto accanto al letto, con un bicchiere d'acqua, per le quattro del mattino. Semmai servisse.*

Voglio citare almeno un altro passo, sulla terribile domanda "come stai?".

> Questa domanda mi ha sempre sconcertato! Perché non ho proprio idea di come *sto*, di solito. [...] Adesso, quando mi capita di incontrare delle persone che mi chiedono, spesso con affettuosa sollecitudine: "Come stai, Joyce?", presumo che intendano dire: "Come te la cavi, dopo la morte di Ray?" Di solito rispondo che la

mia vita continua piuttosto bene. Perché penso che, in effetti, me la sto cavando molto bene davvero.

Ho superato giorni e notti interminabili – e *sono ancora qui*. Per me, è qualcosa di stupefacente. [...] Benché Ray mi abbia lasciato, per me non è così facile lasciare *lui*.

È stato facilissimo, invece, per Fanny lasciare il marito, Mr Skeffington (il nome dà il titolo a un romanzo di Elizabeth von Arnim). Perché lui la tradisce con una serie di dattilografe (vista la «palese capacità degli uomini di amare contemporaneamente più donne») e lei prende la palla al balzo per chiedere e ottenere il divorzio. Così comincia «la sua deliziosa carriera di donna indipendente». E ha solo ventotto anni. Ed è molto attraente. E, grazie al divorzio, piuttosto ricca. Così passano gli anni in un accumulo festoso di amanti e rose rosse, di spensierata e felice libertà. Poi arriva una malattia che la lascia prostrata e improvvisamente invecchiata. E si avvicina il giorno del cinquantesimo compleanno, carico di foschi presagi.

Aveva adorato essere libera. Aveva goduto di ventidue anni di incantevole libertà e ne aveva assaporato ogni singolo istante, tranne quei brevi momenti alla fine di una storia d'amore, quando d'un tratto le cose diventano penose, e tranne quegli attimi in cui, di recente, riprendendosi da una brutta malattia e non avendo nulla da fare se non riflettere, aveva iniziato a pensare a Mr. Skeffington. Forse era lo spiacevole pensiero del suo compleanno che incombeva a breve distanza ad averla avviata verso quella situazione preoccupante. Forse era colpa dell'estrema debolezza sopravvenuta in lei dopo la difterite. Forse era colpa dei suoi bei capelli, di come erano caduti a ciocche.

Ma nella penna spiritosa della von Arnim c'è la soluzione. Fanny recupera il marito, che è invecchiato male. È stanco, spaventato e... cieco. Il che significa che non potrà assistere – almeno con lo sguardo – alla decadenza della bellezza di lei. E lei può provare un'inedita tenerezza, può cullarlo «quasi fosse il figlio che non aveva mai avuto», può riaccoglierlo in casa dove le forze in campo hanno ormai un peso ribaltato rispetto al passato. E infatti annuncia alla cameriera, che è felice e commossa dal cambiamento: «Mr. Skeffington è tornato a casa».

«Sì, milady. Desiderate che...» Manby si prese un breve attimo di pausa che trascorse lottando e avendo la meglio su un sentimento sconveniente e inappropriato che le provocava un groppo in gola e che sarebbe potuto sfociare in pianto «desiderate che dica alla governante di far preparare una stanza?»

«Sì, la sua stanza» replicò Fanny.

«Sì, milady. E per la notte sua signoria desidera indossare...» e qui ebbe luogo un'altra breve pausa durante la quale, con sforzo quasi sovrumano, riuscì a recuperare la sua abituale compostezza, «desidera indossare la lingeria di velluto rosa o quella nuova di pizzo bianco?».

Per un attimo Fanny reclinò il capo e per un attimo compì strani movimenti con la mano, lisciando il tappeto in avanti e indietro, il viso sottratto alla sua vista.

Poi sollevò lo sguardo e disse: «Quella nuova di pizzo bianco, naturalmente».

Restare soli, invecchiare, è inevitabilmente fare i conti con il passato. Trovo profonda (e incoraggiante per separarmi adesso da questo libro arrivato in fondo) una riflessione di Lillian Hellman dalla sua raccolta che potremmo definire "di ritratti", *Pentimento*:

Alle volte l'antica pittura su tela, invecchiando, si fa trasparente. Quando questo accade è possibile vedere le linee originali di certi quadri: sotto un vestito di donna trapelerà un albero, un bambino cede il proprio posto a un cane, una grossa barca non naviga più sul mare aperto. Questo si chiama pentimento perché il pittore si è 'pentito', ha cambiato idea. Forse si potrebbe anche dire che la concezione originaria, sostituita da una scelta successiva, è un modo di vedere che cosa c'era per me una volta, che cosa c'è per me adesso.

Epilogo

Finale di partita

Ed ecco, sto per apporre la parola “fine” al mio “mostro di Frankenstein”, questo libro che potrebbe essere infinito, ma che ho limitato all’arbritrio dei miei interessi e delle mie curiosità, accettando qui e là l’intervento del caso, che mi ha fatto inciampare in qualche autrice e in brani cui non avrei mai pensato con il solo ausilio della memoria.

Finita, è finita, sta per finire. (*Pausa*). I chicchi si aggiungono ai chicchi a uno a uno, e un giorno, all’improvviso, c’è il mucchio, un piccolo mucchio, l’impossibile mucchio.

Rendo questo breve omaggio a Samuel Beckett, scrittore che mi ha dato tanto, autore che ha trattato personaggi maschili e femminili in modo assolutamente equo, azzerandoli tutti nel quadro generale di un’infima, disperata condizione umana. Ho rubato a lui il titolo di questo capitolo. Il senso della vita che andavo cercando all’inizio, per il grande Sam è un buio senza sbocchi.

In queste pagine, invece, in questo mucchio di parole che ho messo insieme, oso dire che qualche barlume di luce ci sia. Ecco, se una conclusione si può trarre con qualche sicurezza, è che gli occhi delle donne si rifiutano a una completa cecità. Persino le più negative lasciano aperto uno spiraglio, una domanda sulle cose ultime – che resta inevasa, ma esiste: viene posta.

Però ancora non mi stacco dallo scaffale, la "mensola" di Nina Berberova. Perché c'è un'autrice che non ho inserito fin qui per il fatto che ero tentata di citarla in continuazione, senza riuscire a scegliere fra le parole che ci restano di lei. È Milena Jesenská, nota come "la Milena di Kafka". Infatti, fra tanto altro, fu un grande amore dello scrittore boemo, destinataria di molte sue lettere. «Siccome ti amo» le scriveva Kafka «io amo il mondo intero, e del mondo fa parte anche la tua spalla sinistra, no, è stata prima la destra, e perciò se mi fa piacere la bacio (e se tu sei così gentile da scostare la camicetta), e del mondo fa parte la tua spalla sinistra e il tuo viso sopra di me nel bosco, e il tuo viso sotto di me nel bosco».

Milena, nata a Praga nel 1896, fu una giornalista disincantata, dalla penna brillante e leggera, ma capace di affrontare problematiche compromettenti e coraggiosa fino al sacrificio di sé. Colpiva in lei una sincerità spavalda, senza schermi, nei tempi in cui viveva particolarmente pericolosa. Quando scrive un reportage sulla condizione degli emigrati tedeschi nella sua città, l'attacco del pezzo è questo:

> Il lavoro del reporter assomiglia spesso a quello di una iena. Egli se ne va in giro col suo taccuino e si appunta le disgrazie altrui per riferirne sui giornali. Se lo facesse senza nutrire almeno un poco di speranza nell'utilità delle sue parole stampate, non meriterebbe neppure una stretta di mano. È proprio in nome di questa speranza che io domando perdono a tutti quelli che negli ultimi giorni sono andata a scovare nei loro nascondigli.

Kafka volle che fosse Milena (lui la definiva «fuoco vivo») ad avere in eredità i suoi diari anche se, quando morì, non stavano più insieme da tempo e si vedevano molto poco. Era stato Franz a lasciarla, perché lei non si decideva a divorziare dal marito. E bisogna dire che anche sul matrimonio Milena aveva idee controcorrente. Quello con Kafka le doveva sembrare un amore troppo travolgente per poterlo trasformare senza danni in matrimonio. Scriveva infatti:

> Due persone si sposano per vivere insieme. Questa possibilità è già di per sé un dono immenso. Perché vogliono in più anche la felicità? [...] compito di un matrimonio è proprio tollerare il modo di essere dell'altro, sì, tollerarlo al punto che l'altro si senta in diritto di essere così com'è. In fin dei conti uno non chiede all'altro che una conferma di se stesso. La prova che è amato «nonostante...». Questo «nonostante...» è presente in ognuno di noi, e appunto per questo siamo infelici. Non potrò mai credere che delle persone vivano insieme per soddisfare esigenze sessuali, erotiche, economiche o sociali; si vive insieme per avere un compagno. Per avere, nella solitudine di questo mondo, qualcuno che confermi il nostro diritto all'esistenza con tutti i nostri errori e le nostre manchevolezze – perché cos'è l'amicizia se non un sostegno nella vacillante fiducia in noi stessi?

Impegnata nella resistenza, la Jesenská aiutò molti ebrei e rifugiati politici a espatriare. Nel 1940 (Kafka era morto da sedici anni) fu separata dall'unica figlia, l'undicenne Jana, futura poetessa, e internata per le sue attività clandestine nel campo di Ravensbrück, dove fu di sostegno morale e psicologico per molte altre prigioniere – un po' come Hetty Hillesum – e dove morì quattro anni dopo. Nel campo strinse una grande amicizia con la tedesca Margarete Buber-Neumann, che era stata tradita e consegnata a Hitler dai sovietici, quando aveva cercato una terra d'esilio in Urss. Ex comuniste, Milena e Margarete si schierarono, come altre grandi menti femminili che abbiamo incontrato in questo libro, contro i totalitarismi di ogni genere.

«Scriveremo un libro insieme», aveva detto la Jesenská all'amica in quei giorni di tenebra nel campo dove, malata ai reni, sarebbe morta nel maggio del 1944, appena un mese prima dello sbarco in Normandia. Così a scrivere restò solo la Buber-Neumann, che le dedicò una commovente biografia:

> Sono tornata in libertà e ho rispettato il testamento spirituale di Milena, ho scritto il *nostro* libro sui campi di concentramento [*Prigioniera di Stalin e Hitler*]. Un giorno, poco prima di morire, lei mi disse: «So che almeno tu non mi dimenticherai. Per merito tuo posso continuare a vivere. Tu dirai agli uomini chi ero, sarai il mio giudice clemente...». Queste parole mi hanno dato il coraggio di raccontare la storia della sua vita.

Esiste anche un libro (dal quale ho citato le sue parole) che raccoglie gli scritti giornalistici della Jesenská e che ha un titolo – a questo punto del viaggio fra le parole delle donne – particolarmente evocativo. Sembra un'indicazione, o un monito: *Tutto è vita*.

Il senso della vita, che cercavamo all'inizio: vivere la vita nella sua interezza fino in fondo e consapevolmente e apertamente e con l'innocenza dei bambini (come pensava la Arendt, come pensavano Duras e la Morante, e forse anche tutte le altre che non ce l'hanno detto).

Poi si vedrà.

Ringraziamenti

Non avrei mai pensato né scritto questo libro se un giorno di diversi mesi fa Anna Gialluca, direttore editoriale della Laterza, non me ne avesse illustrato l'idea e proposto di darle concretezza. Erano giorni nerissimi per me. Avevo perso da poco mio marito e a tutto pensavo salvo che a scrivere un nuovo libro. Ma Anna è una persona determinata, e mi ha convinta. E ora la ringrazio per aver insistito, e per essermi stata costantemente accanto in uno scambio continuo fatto di file che andavano e venivano fra noi, di discussioni, riflessioni comuni, suggerimenti. Non sarei onesta se non dicessi quanto questo testo le deve, quanto è anche per buona parte suo.

Riferimenti bibliografici

Prologo. *Il corsivo è nostro*

Nina Berberova, *Il corsivo è mio*, Adelphi, 1989 (ed. or. 1969).
Biancamaria Frabotta, *Tutte le poesie 1971-2017*, Mondadori, 2018.
Christopher Isherwood, *L'albero dei desideri*, SE, 1991 (ed. or. 1943).

Casa (pulita)

Karen Blixen, *Dagherrotipi*, Adelphi, 1995 (ed. or. 1965).
Martin Amis, *Esperienza*, Einaudi, 2002 (ed. or. 2000).
Georges Simenon, *Memorie intime*, Adelphi, 2003 (ed. or. 1981).
Eugene Walter, *Intervista a Karen Blixen*, minimum fax, 1998 (ed. or. 1981). L'osservazione che riporto fra virgolette è di Goffredo Fofi.
Fabrizia Ramondino, *Star di casa*, Garzanti, 1991.
Virginia Woolf, *Gita al faro* (ed. or. 1927), in *Romanzi*, Mondadori, 1998.
Virginia Woolf, *Momenti di essere* (ed. or. 1976), in *Saggi, prose, racconti*, Mondadori, 1998.
Virginia Woolf, *Una stanza tutta per sé* (ed. or. 1929), in *Saggi, prose, racconti*, cit.
Virginia Woolf, *Signora Dalloway* (ed. or. 1925), in *Romanzi*, cit.
Virginia Woolf, *Tra un atto e l'altro* (ed. or. 1941), in *Romanzi*, cit.
Matthieu Galey, *Ad occhi aperti*, Bompiani, 1982 (ed. or. 1980).
Marguerite Yourcenar, *Pellegrina e straniera*, Einaudi, 1990 (ed. or. 1989).

Marguerite Duras, *La vita materiale*, Feltrinelli, 1988 (ed. or. 1987).
Marguerite Duras, *L'amante*, Feltrinelli, 1985 (ed. or. 1984).
Marguerite Duras, *Una diga sul Pacifico*, Mondadori, 1961 (ed. or. 1950).
Natalia Ginzburg, *Mai devi domandarmi*, Garzanti, 1970.
Clara Sereni, *Taccuino di un'ultimista*, Feltrinelli, 1998.
Natalia Ginzburg, *La città e la casa*, Einaudi, 1984.
Gertrude Stein, *Autobiografia di tutti*, La Tartaruga, 1976 (ed. or. 1937).
Elsa Morante, *La Storia*, Einaudi, 1974.
Nicole Krauss, *La grande casa*, Guanda, 2011 (ed. or. 2010).

Cose (insignificanti)

Sei Shōnagon, *Note del guanciale*, SE, 1988 (la "nota" che cito è della curatrice Lydia Origlia, che è risalita a trascrizioni del 1228).
Mercè Rodoreda, *La piazza del Diamante*, La nuova frontiera, 2008 (ed. or. 1962).
Thomas Mann, *La montagna incantata*, Dall'Oglio, 1945 (ed. or. 1924).
Thomas Mann, *Doctor Faustus*, Mondadori, 1949 (ed. or. 1947).
Natalia Ginzburg, *Le piccole virtù*, Einaudi, 1962.
Sandra Petrignani, *Le signore della scrittura*, La Tartaruga, 1984.
Natalia Ginzburg, *La famiglia Manzoni*, Einaudi, 1983.
Lalla Romano, *Tetto murato*, Einaudi, 1957.
Azar Nafisi, *Leggere Lolita a Teheran*, Adelphi, 2004 (ed. or. 2003).
Vladimir Nabokov, *Cose trasparenti*, Adelphi, 1995 (ed. or. 1972).
Margaret Atwood, *Lady Oracolo*, Giunti, 1986 (ed. or. 1976).
Joyce Carol Oates, *Storia di una vedova*, Bompiani, 2013 (ed. or. 2011).
Jane Austen, *Emma*, Einaudi, 2012 (ed. or. 1815).
Anna Maria Ortese, *Il mare non bagna Napoli*, Einaudi, 1953.
Liliana Rampello in Virginia Woolf, *Voltando pagina. Saggi 1904-1941*, il Saggiatore, 2011.
Marguerite Duras, *Scrivere*, Feltrinelli, 1994 (ed. or. 1993).
Virginia Woolf, *Ore in biblioteca*, La Tartaruga, 1991.

Clarice Lispector, *La passione secondo G.H*, La Rosa, 1982 (ed. or. 1964).

Amore (inventato)

Saffo, *Poesie*, Bur, 1987.
Edna O'Brien, *Oggetto d'amore*, Einaudi, 2016 (ed. or. 2013).
Grace Paley, *Più tardi nel pomeriggio*, Einaudi, 2008 (ed. or. 1994).
Emily Brontë, *Cime tempestose*, Rizzoli, 1957 (ed. or. 1847).
Françoise Sagan, *Bonjour tristesse*, Longanesi, 1954 (ed. or. 1954).
Marco Lombardo Radice, Lidia Ravera, *Porci con le ali*, Bompiani, 2013.
Charlotte Brontë, *Lettere*, Edizioni La Rosa, 1979 (ed. or. 1932).
Gaspara Stampa, *Rime*, Bur, 2002.
Natalia Ginzburg, *Un'assenza*, Einaudi, 2017.
Annie Ernaux, *Passione semplice*, Rizzoli, 1994 (ed. or. 1991).
Adèle Hugo in Iaia Caputo, *Di cosa parlano le donne quando parlano d'amore*, Tea, 2001.
Marcela Serrano, *L'albergo delle donne tristi*, Feltrinelli, 1999 (ed. or. 1997).
Margaret Mitchell, *Via col vento*, Mondadori, 1989 (ed. or. 1936).
Marguerite Yourcenar, *Il colpo di grazia*, Feltrinelli, 1984 (ed. or. 1939).
Simone Weil, *Quaderni*, vol. 4, Adelphi, 1993 (ed. or. 1950).
Hetty Hillesum, *Diario 1941-1943*, Adelphi, 1981 (ed. or. 1936).
Elzbieta Ettinger, *Hannah Arendt e Martin Heidegger. Una storia d'amore*, Garzanti, 1996 (ed. or. 1995).
Yasmina Reza, *Una desolazione*, Bompiani, 2001 (ed. or. 1999).
Willa Cather, *Il mio mortale nemico*, Adelphi, 2006 (ed. or. 1926).

Relazioni (pericolose)

Sylvia Plath, *Diari*, Adelphi, 1998 (ed. or. 1995).
Christopher Reid (a cura di), *Letters of Ted Hughes*, Faber and Faber, 2007.

René de Ceccatty, *Elsa Morante. Une vie pour la littérature*, Tallandier, 2018.

Annalena Benini (a cura di), *I racconti delle donne*, Einaudi, 2019.

Zelda Fitzgerald, *Lasciami l'ultimo valzer*, Bollati Boringhieri, 2009 (ed. or. 1932).

Ingeborg Bachmann, Paul Celan, *Troviamo le parole. Lettere 1948-1973*, Nottetempo, 2010 (ed. or. 2008).

Helmut Bottinger, *Ci diciamo l'oscuro. La storia d'amore tra Ingeborg Bachmann e Paul Celan*, Neri Pozza, 2019 (ed. or. 2017).

Max Frisch, *Il mio nome sia Gatenbein*, Feltrinelli, 1965 (ed. or. 1964).

Ingeborg Bachmann, *Malina*, Adelphi, 1973 (ed. or. 1971).

Ingeborg Bachmann, *Il buon Dio di Manhattan*, Adelphi, 1991 (ed. or. 1976).

Marguerite Duras, *Yann Andréa Steiner*, Feltrinelli, 1993 (ed. or. 1992).

Yann Andréa, *M.D.*, Feltrinelli, 1989 (ed. or. 1983).

Yann Andréa, *Questo amore*, Archinto, 2001 (ed. or. 1999).

Marguerite Duras, *L'été 80*, Minuit, 1980.

Jane Austen, *Orgoglio e pregiudizio*, Theoria, 1994 (ed. or. 1813).

Dacia Maraini, *La vacanza*, Bompiani, 1976.

Dacia Maraini, *L'età del malessere*, Einaudi, 1963.

Anna Folli, *MoranteMoravia. Una storia d'amore*, Neri Pozza, 2018.

Cesare Garboli, *Il gioco segreto. Nove immagini di Elsa Morante*, Adelphi, 1995.

Sylvia Plath, *Diari*, cit.

Ingeborg Bachmann, *Il trentesimo anno*, Adelphi, 1985 (ed. or. 1961).

Milan Kundera, *L'arte del romanzo*, Adelphi, 1988 (ed. or. 1986).

Milan Kundera, *I testamenti traditi*, Adelphi, 1994 (ed. or. 1993).

Milan Kundera, *Il sipario*, Adelphi, 2005 (ed. or. 2004).

Milan Kundera, *Un incontro*, Adelphi, 2009 (ed. or. 2008).

Vladimir Nabokov, *Lezioni di letteratura*, Garzanti, 1982 (ed. or. 1980).

Vladimir Nabokov, Edmund Wilson, *Letters*, Harper&Row, 1978.

Giuseppe Montesano, *Lettori selvaggi. Dai misteriosi artisti della Preistoria a Saffo a Beethoven a Borges la vita vera è altrove*, Giunti, 2016.

Virginia Woolf, *Una stanza tutta per sé*, cit.
Thomas Bernhard, *Il soccombente*, Adelphi, 1985 (ed. or. 1983).

Lei (per lui)

Vladimir Nabokov, *Ada o ardore*, Adelphi, 2000 (ed. or. 1969).
I.J.Singer, *La famiglia Karnowski*, Adelphi, 2013 (ed. or. 1943).
Vladimir Nabokov, *Lolita*, Adelphi, 1993 (ed. or. 1955).
Frank Wedekind, *Lulu (Lo spirito della terra, Il vaso di Pandora)*, Adelphi, 1972 (contiene il saggio di Karl Krauss citato nel testo).
Paolo Petazzi, *Alban Berg. La vita, l'opera, i testi musicali*, Feltrinelli, 1977.
William Shakespeare, *Amleto*, Einaudi, 2009.
Alessandro Manzoni, *I promessi sposi*, SET, 1933.
Lev Tolstoj, *Anna Karenina*, Rizzoli, 1980 (ed. or. 1877).
Gustave Flaubert, *Madame Bovary*, Mondadori, 1997 (ed. or. 1857).
Molière, *La scuola delle mogli*, Garzanti, 1994 (ed. or. 1662), atto II, scena III.
Michel Houellebecq, *Le particelle elementari*, Bompiani, 1999 (ed. or. 1998).
Michel Houellebecq, *Serotonina*, La nave di Teseo, 2019 (ed. or. 2019).
Michel Houellebecq, *Piattaforma. Nel centro del mondo*, Bompiani, 2001 (ed. or. 2001).
Philip Roth, *Il teatro di Sabbath*, Einaudi, 1999 (ed. or. 1995).
Dante Alighieri, *Opere*, Mondadori, 2011.

Lei (per lei)

Toni Morrison, *Jazz*, Frassinelli, 1993 (ed. or. 1992).
Colette, *Il puro e l'impuro*, Adelphi, 1980 (ed. or. 1941).
Katherine Mansfield, *Tutti i racconti*, Adelphi, 1978 (ed. or. 1920).
Valeria Viganò, *Sulle amazzoni*, Iacobelli, 2019.
Elisabeth Young-Bruehl, *Hannah Arendt. 1906-1975. Per amore del mondo*, Bollati Boringhieri, 1990 (ed. or. 1982).

Hannah Arendt, *Isak Dinesen 1885-1962*, sul «New Yorker» del 9 novembre 1968 e come postfazione a Karen Blixen, *Dagherrotipi*, cit.
Karen Blixen, *La mia Africa*, Feltrinelli, 1979 (ed. or. 1937).
Mary McCarthy, *Vivere con le cose belle*, Il Mulino, 1990 (ed. or. 1985).
Julia Kristeva, *Hannah Arendt. La vita, le parole*, Donzelli, 2005 (ed. or. 1999).
Virginia Woolf, *Orlando* (ed. or. 1928), in *Romanzi*, cit.
Vita Sackville-West, Virginia Woolf, *Cara Virginia. Le lettere*, La Tartaruga, 1985 (ed. or. 1984).
Virginia Woolf, *The diary*, vol. 3, *1925-1930*, Penguin Books, 1985.
Virginia Woolf, *The diary*, vol. 2, *1920-1924*, Penguin Books, 1985.
Jean Rhys, *Il grande mare dei sargassi*, Adelphi, 1980 (ed. or. 1966).
Djuna Barnes, *Anche le ragazze tirano di boxe*, Novecento, 1994 (ed. or. 1987).
Edith Sitwell, *Una vita protetta*, SE, 1989 (ed. or. 1965).
Joyce Carol Oates, *Blonde*, Bompiani, 2000 (ed. or. 2000).
Marilyn Monroe, *Fragments. Poesie, appunti, lettere*, a cura di S. Buchthal e B. Comment, Feltrinelli, 2010 (ed. or. 2010).

Madri (e figli)

Marguerite Duras, *Quaderni della guerra e altri testi*, Feltrinelli, 2008 (ed. or. 2006).
Marguerite Duras, *Le Monde extérieur. Outside 2*, P.O.L., 1993.
Doris Lessing, *Il quinto figlio*, Feltrinelli, 1988 (ed. or. 1988).
Sibilla Aleramo, *Una donna*, Feltrinelli, 1950.
Elsa Morante, *La Storia*, cit.
Sylvain Maréchal, *Progetto di legge per vietare alle donne di imparare a leggere*, Archinto, 2007 (ed. or. 2007).
Simone de Beauvoir, *Quando tutte le donne del mondo...*, Einaudi, 1982 (ed. or. 1979) (l'intervista è firmata da Alice Schwartzer).
Helen DeWitt, *L'ultimo samurai*, Einaudi, 2002 (ed. or. 2000).
Sandra Petrignani, *Le signore della scrittura*, cit.
Elizabeth Strout, *Amy e Isabelle*, Fazi, 2000 (ed. or. 1998).
Elfriede Jelinek, *La pianista*, Einaudi, 1991 (ed. or. 1983).

Colette, *Sido*, Adelphi, 1989 (ed. or. 1930).
Colette, *La stella del vespro*, Del Vecchio, 2015 (ed. or. 1946).
Valeria Viganò, *Sulle amazzoni*, cit.
Lalla Romano, *Le parole tra noi leggere*, Einaudi, 1969.
Goliarda Sapienza, *Le certezze del dubbio*, Pellicanolibri, 1987.

Figli (e madri)

Elena Ferrante, *L'amore molesto*, e/o, 1992.
Irène Némirovsky, *Il ballo*, Adelphi, 2005 (ed. or. 1930).
Pamela Moore, *Cioccolata a colazione*, Mondadori, 2014 (ed. or. 1956).
Marguerite Duras, *Una diga sul Pacifico*, cit.
Nathalie Sarraute, *Infanzia*, Cronopio, 2005 (ed. or. 1983).
Annie Ernaux, *L'altra figlia*, L'orma, 2016 (ed. or. 2011).
Marie Cardinal, *Le parole per dirlo*, Bompiani, 1976 (ed. or. 1975).
Jamaica Kincaid, *Mio fratello*, Adelphi, 1999 (ed. or. 1997).
Marguerite Duras, *L'amante*, cit.
Elsa Morante, *Aracoeli*, Einaudi, 1982.
Elsa Morante, «Il beato propagandista del Paradiso», in *Pro o contro la bomba atomica*, Adelphi, 1987.
Elsa Morante, *Menzogna e sortilegio*, Einaudi, 1948.
Elsa Morante, *La Storia*, cit.
Elsa Morante, *Lo scialle andaluso*, Einaudi, 1963.
Elsa Morante, *L'isola di Arturo*, Einaudi, 1957.
Marcello Morante, *Maledetta Benedetta*, Garzanti, 1986.
Colette, *Sido*, cit.
Donna Tartt, *Il cardellino*, Rizzoli, 2014 (ed. or. 2013).
Jamaica Kincaid, *Autobiografia di mia madre*, Adelphi, 1997 (ed. or. 1995).
Matthieu Galey, *Ad occhi aperti*, cit.
Michèle Sarde, *Tu, Marguerite Yourcenar. La passione e le sue maschere*, Le Lettere, 1996 (ed. or. 1995).
Marguerite Yourcenar, *Pellegrina e straniera*, cit.
Marguerite Yourcenar, *Alexis o il trattato della lotta vana*, Feltrinelli, 1969 (ed. or. 1929).

Philip Roth, *Patrimonio. Una storia vera*, Einaudi, 2007 (ed. or. 1991).
Clarice Lispector, *Legami familiari*, Feltrinelli, 1986 (ed. or. 1961).

Verità (da dire)

Fabrizia Ramondino, *Passaggio a Trieste*, Einaudi, 2000.
Flannery O'Connor, *Sola a presidiare la fortezza. Lettere*, Einaudi, 2001 (ed. or. 1979).
Elizabeth Bishop, Robert Lowell, *Scrivere lettere è sempre pericoloso*, Adelphi, 2014 (ed. or. 2008).
Flannery O'Connor, *Nel territorio del diavolo*, minimum fax, 2003 (ed. or. 1969).
Sylvia Plath, *Diari*, cit.
Clara Sereni, *Taccuino di un'ultimista*, cit.
Cristina Campo, *Gli imperdonabili*, Adelphi, 1987.
Anaïs Nin, *Scale di fuoco*, Fazi, 1998 (ed. or. 1946).
Marguerite Duras, *Scrivere*, cit.
Azar Nafisi, *Leggere Lolita a Teheran*, cit.
Charlotte Brönte, *Jane Eyre*, Garzanti, 1974 (ed. or. 1847).
Clarice Lispector, *L'ora della stella*, Feltrinelli, 1989 (ed. or. 1977).
Katherine Mansfield, *Diario*, Dall'Oglio, 1988 (ed. or. 1954).
Patrizia Cavalli, *Con passi giapponesi*, Einaudi, 2019.
Maria Zambrano, *Verso un sapere dell'anima*, Cortina, 1996 (ed. or. 1950).
Ingeborg Bachmann, *Libro del deserto*, Cronopio, 1999 (ed. or. 1978).
Rosa Montero, *La ridicola idea di non vederti più. La storia di Marie Curie e la mia*, Ponte alle Grazie, 2019 (ed. or. 2013).
Grace Paley, *Più tardi nel pomeriggio*, cit.

Tempo (e solitudini)

Christa Wolf, *Un giorno all'anno 1960-2000*, e/o, 2006 (ed. or. 2003).
Virginia Woolf, *The diary*, vol. 5, *1936-1941*, Penguin Books, 1985.

Simone de Beauvoir, *La terza età*, Einaudi, 1988 (ed. or. 1970).
James Hillman, *La forza del carattere*, Adelphi, 2000 (ed. or. 1999).
Nadia Fusini, *Nomi*, Feltrinelli, 1986.
Karen Blixen, *Dagherrotipi*, cit.
Frederic Prokosch, *Voci*, Adelphi, 1985 (ed. or. 1984).
Djuna Barnes, *Bosco di notte*, Bompiani, 1968 (ed. or. 1936).
Vita Sackville-West, *Ogni passione spenta*, Mondadori, 1935 (ed. or. 1931).
Susanna Tamaro, *Va' dove ti porta il cuore*, Baldini&Castoldi, 1994.
Doris Lessing, *Se gioventù sapesse*, Feltrinelli, 1988 (ed. or. 1984).
Dacia Maraini, *Dolce per sé*, Rizzoli, 1997.
Anne Tyler, *La danza dell'orologio*, Guanda, 2018 (ed. or. 2018).
Carson McCullers, *Orologio senza lancette*, Guanda, 1982 (ed. or. 1961).
Joan Didion, *L'anno del pensiero magico. Monologo*, il Saggiatore, 2008 (ed. or. 2007).
Joyce Carol Oates, *Storia di una vedova*, cit.
Elizabeth von Arnim, *Mr Skeffington*, Bollati Boringhieri, 2002 (ed. or. 1940).
Lillian Hellman, *Pentimento*, Adelphi, 1978 (ed. or. 1973).

Epilogo. *Finale di partita*

Samuel Beckett, *Teatro*, Oscar Mondadori, 1970 (ed. or. 1961).
Franz Kafka, *Lettere a Milena*, Mondadori, 1958 (ed. or. 1952).
Milena Jesenská, *Tutto è vita*, Guanda, 1986 (ed. or. 1984).
Margarete Buber-Neumann, *Milena. L'amica di Kafka*, Adelphi, 1986 (ed. or. 1977).